★★★★★

COMBAT
AIRCRAFTS

长空战机 翱翔在蓝天上的雄鹰

Eagles flying in the blue sky

丛书策划　李俊亭

丛书主编　游云　丁宁　编著　范绍华　游云

国防工业出版社
National Defense Industry Press

图书在版编目（CIP）数据

长空战机：翱翔在蓝天上的雄鹰 / 范绍华，游云编著 . -- 北京：国防工业出版社，2022.11
（武器装备知识大讲堂丛书）
ISBN 978-7-118-12592-4

Ⅰ.①长… Ⅱ.①范… ②游… Ⅲ.①军用飞机—中国—通俗读物 Ⅳ.① E926.3-49

中国版本图书馆 CIP 数据核字（2022）第 184769 号

长空战机：翱翔在蓝天上的雄鹰

责任编辑　刘汉斌

出 版　国防工业出版社（北京市海淀区紫竹院南路 23 号　邮政编码 100048）
印 刷　雅迪云印（天津）科技有限公司印刷
经 销　新华书店
开 本　710mm×1000mm　1/16
印 张　22
字 数　390 千字
版 次　2022 年 11 月第 1 版第 1 次印刷
印 数　1—6000 册
定 价　88.00 元

（本书如有印装错误，我社负责调换）
国防书店：（010）88540777　书店传真：（010）88540776
发行业务：（010）88540717　发行传真：（010）88540762

CONTENT ABSTRACT
内容简介

本书精心选取了世界主要军事强国的150余种作战飞机，涵盖了战斗机、轰炸机、攻击机、侦察机、预警机、运输机、加油机、无人机、直升机，以及电子战飞机、反潜机、教练机、靶机等诸多种类，将战机的研发历程、机体构造、主要性能、发展命运、战场应用生动地呈现在读者面前，带你一睹"蓝天雄鹰"的风采。

本书适合广大青少年、航空爱好者，以及关心航空事业的读者阅读和收藏。

开场白 Prologue

　　飞机自诞生以来,不仅承载了和成就了人类遨游天空和追求自由的梦想,而且体现了和彰显了人类坚忍不拔的探索精神和聪明智慧。飞机的百年发展和广泛运用,将国防和国家利益空间由二维拓展至三维。从第一次世界大战中的崭露头角,到第二次世界大战中的铺天盖地,再到如今的有人/无人机协同,飞机队伍的成长如日中天,现在已经发展成为由战斗机、轰炸机、攻击机、侦察机、预警机、运输机、加油机、直升机、无人机、反潜机、教练机、电子战飞机等多机型组成的大家庭。

　　21世纪战争的阴影仍然笼罩在天空,随着隐身技术、精确制导技术、预警技术、电子对抗技术等最新科技成果的应用,飞机在快速发展的同时不仅书写了一篇篇壮美的史诗,也留下了不少未解之谜。本书集知识性、趣味性和启发性于一体,内容安排不仅有对过往历史的鲜活再现,而且有对当今发展的清晰描述,具有历史性、传承性和时代性等鲜明特征。重点介绍了以美、俄为代表的世界主要军事强国的一些典型机型。按照类型将飞机分为战斗机、轰炸机、攻击机、侦察机、预警机、运输机、加油机、直升机、无人机等多类，系统地讲述了每类飞机的发展历史、研制过程、战争运用、前景展望等知识，特别是 21 世纪以来，一些新型飞机投入战场并且战绩斐然。无人机的发展日新月异，其在战场上的运用拉开了智能化战争形态"非接触性作战"的序幕。本书通过展现新型战机的辉煌成就和前瞻智能化无人作战的发展趋势，让读者有身临其境之感。

全书图文并茂、语言凝练活泼、故事真实生动，力求使读者在轻松愉快的阅读旅程中对"蓝天雄鹰"有一个全面理性深入的认识，从而引起读者对国防和军事的关注和兴趣。

书稿撰写参阅了国内外大量的文献资料，因篇幅有限就不一一列出，在此表示谢意。同时受知识水平和认知能力限制，书中难免有不足之处，敬请读者朋友指正。

编者

2022 年 9 月

CONTENTS 目录

1 "空战神翼"战斗机 / 01

美国 F-4 "鬼怪" 战斗机 / 02
美国 F-5E "虎" Ⅱ 战斗机 / 04
美国 F-15 "鹰" 战斗机 / 06
美国 F-16 "战隼" 战斗机 / 08
美国 F-22 "猛禽" 战斗机 / 10
美国 F-35 "闪电" Ⅱ 战斗机 / 12
美国 F-104 "星" 战斗机 / 14
美国 F-117 "夜鹰" 战斗机 / 16
美国 XF-85 "飞蛋" 战斗机 / 19
美国 P-47 "雷电" 战斗机 / 22
俄罗斯苏 -24 "击剑手" 战斗机 / 26
俄罗斯苏 -25 "蛙足" 战斗机 / 29
俄罗斯苏 -27 "侧卫" 战斗机 / 31
俄罗斯苏 -30 "侧卫 C" 战斗机 / 33
俄罗斯苏 -34 "鸭嘴兽" 战斗机 / 36
俄罗斯苏 -35 "超级侧卫" 战斗机 / 38
俄罗斯苏 -37 "终结者" 战斗机 / 40
俄罗斯苏 -57 "恶棍" 战斗机 / 43
俄罗斯米格 -15 "柴捆" 战斗机 / 45
俄罗斯米格 -21 "鱼窝" 战斗机 / 47
俄罗斯米格 -23 "鞭挞者" 战斗机 / 49
俄罗斯米格 -25 "狐蝠" 战斗机 / 51
俄罗斯米格 -29 "支点" 战斗机 / 53
日本 "零" 式战斗机 / 55
法国 "幻影" -2000 战斗机 / 58
法国 "阵风" 战斗机 / 60

■ 大国之翼逐梦蓝天展英姿，鹰击长空刀光剑影任驰骋！

瑞典 JAS-39 "鹰狮" 战斗机　/ 62
英国 "鹞" 式战斗机　/ 64
英国 "喷火" 战斗机　/ 66
英德意 "狂风" 战斗机　/ 69

2 "空中堡垒" 轰炸机　/ 72

美国 B-17 "飞行堡垒" 轰炸机　/ 74
美国 B-29 "超级堡垒" 轰炸机　/ 76
美国 B-52 "同温层堡垒" 轰炸机　/ 78
美国 B-2 "幽灵" 轰炸机　/ 80
美国 B-1B "枪骑兵" 轰炸机　/ 82
美国 B-47 "同温层喷气" 轰炸机　/ 85
俄罗斯图 -22 "眼罩" 轰炸机　/ 87
俄罗斯图 -95 "熊" 轰炸机　/ 89
俄罗斯图 -160 "海盗旗" 轰炸机　/ 91
英国 "火神" 轰炸机　/ 94
英国 "蚊" 式轰炸机　/ 96
英国 "胜利者" 轰炸机　/ 98
法国 "幻影" Ⅳ 轰炸机　/ 100

3 "刺杀利剑" 攻击机　/ 102

美国 A-4 "天鹰" 攻击机　/ 104
美国 A-6 "入侵者" 攻击机　/ 107
美国 A-7 "海盗" 攻击机　/ 109
美国 A-10 "雷电" Ⅱ 攻击机　/ 111

CONTENTS 目录

美国 A-20 "浩劫" 攻击机　/ 114
美国 AV-8 "海鹞" 攻击机　/ 117
美国 AC-130 "炮艇" 攻击机　/ 119
俄罗斯伊尔 -2 "吠叫" 攻击机　/ 121
俄罗斯苏 -25 "蛙足" 攻击机　/ 123
法国 "超军旗" 攻击机　/ 125
德国容克 -87 "斯图卡" 俯冲攻击机　/ 127
英国 "海盗" 攻击机　/ 129
英法 "美洲虎" 攻击机　/ 131

4 "碧空鹰眼" 侦察机　/ 134

美国 U-2 "黑寡妇" 侦察机　/ 136
美国 SR-71 "黑鸟" 侦察机　/ 138
美国 P-2V "海王星" 侦察机　/ 140
美国 EP-3 "白羊座" 侦察机　/ 142
美国 OV-10 "野马" 侦察机　/ 144
美国 RF-5E "虎眼" 侦察机　/ 146
美国 RF-4C "鬼怪" 侦察机　/ 148
美国 RC-12 "护栏" 侦察机　/ 149
美国 RC-135 "联合铆钉" 侦察机　/ 150
美国 TR-1A 侦察机　/ 151
俄罗斯伊尔 -20 "黑鸭" 侦察机　/ 152
俄罗斯 M-17 "平流层" 侦察机　/ 154
俄罗斯图 -16 "獾" 侦察机　/ 155
俄罗斯安 -30 "铮铮" 侦察机　/ 156

■ 大国之翼逐梦蓝天展英姿，鹰击长空刀光剑影任驰骋！

5 "长空哨兵"预警机 / 158

美国 E-1"追踪者"预警机 / 160
美国 E-2"鹰眼"预警机 / 161
美国 E-3"哨兵"预警机 / 163
美国 E-8"联合星"预警机 / 165
俄罗斯图-126"苔藓"预警机 / 167
俄罗斯 A-50"中坚"预警机 / 169
俄罗斯安-71"顽童"预警机 / 171
以色列"费尔康"预警机 / 172
澳大利亚"楔尾"预警机 / 174
英国"猎迷"预警机 / 176

6 "空运力士"运输机 / 178

美国 C-130"大力神"运输机 / 180
美国 C-141"运输星"运输机 / 183
美国 C-5"银河"运输机 / 185
美国 C-17"环球霸王"Ⅲ运输机 / 187
俄罗斯安-12"幼狐"运输机 / 189
俄罗斯安-32"斜坡"运输机 / 191
俄罗斯安-124"鲁斯兰"运输机 / 193
俄罗斯安-225"梦幻"运输机 / 195
俄罗斯伊尔-76"耿直"运输机 / 197
俄罗斯伊尔-112V 运输机 / 199
欧洲 A400M"灰熊"运输机 / 201
乌克兰安-70 运输机 / 204

CONT 目录
≪ ENTS

7 "悬空油库"加油机 / 206

美国 KA-6D 加油机 / 208
美国 KC-130 加油机 / 211
美国 KC-135 "同温层油船"加油机 / 213
美国 KC-10 "补充者"加油机 / 215
美国 KC-767 加油机 / 218
俄罗斯伊尔-78 "米达斯"加油机 / 220
英国 L-1011 "三星"加油机 / 222
欧洲 A330MRTT "凤凰"加油机 / 224

8 "天际骄子"无人机 / 226

美国 RQ-3 "暗星"无人机 / 228
美国 RQ-4 "全球鹰"无人机 / 230
美国 MQ-1 "捕食者"无人机 / 232
美国 MQ-8 "火力侦察兵"无人机 / 234
美国 MQ-9 "死神"无人机 / 236
美国 X-47 "飞马"无人机 / 238
美国 X-51 "乘波者"无人机 / 240
美国 D-21 "袖珍黑鸟"无人机 / 242
美国 RQ-170 "哨兵"无人机 / 244
美国 "火蜂"无人机 / 246
美国 "扫描鹰"无人机 / 248
俄罗斯 "前哨"无人机 / 250
俄罗斯 "牵牛星"无人机 / 252
俄罗斯 "海鹰"-10 无人机 / 254

■ 大国之翼逐梦蓝天展英姿，鹰击长空刀光剑影任驰骋！

俄罗斯"猎户座"无人机 / 257
法国"神经元"无人机 / 259
以色列"苍鹭"无人机 / 261
以色列"哈比"无人机 / 263
以色列"云雀"无人机 / 265
英国"雷电之神"无人机 / 267

9 "低空霸主"直升机 / 270

美国 AH-1W "超级眼镜蛇"攻击直升机 / 272
美国 AH-64 "阿帕奇"攻击直升机 / 274
美国 CH-47 "支奴干"运输直升机 / 276
美国 RAH-66 "科曼奇"隐身直升机 / 278
美国 UH-60 "黑鹰"直升机 / 280
美国 UH-1 "依洛魁"直升机 / 282
俄罗斯卡-52 "短吻鳄"武装直升机 / 285
俄罗斯卡-60 "逆戟鲸"直升机 / 288
俄罗斯米-12 "信鸽"直升机 / 290
俄罗斯米-17 "河马"直升机 / 292
俄罗斯米-24 "雌鹿"直升机 / 294
俄罗斯米-28N "浩劫"直升机 / 296
南非"茶隼"直升机 / 299
法国"云雀"Ⅲ直升机 / 301
法国"小羚羊"直升机 / 303
法国"海豚"直升机 / 305
法国"黑豹"直升机 / 307
法国"美洲豹"直升机 / 309
意大利 A-129 "猫鼬"直升机 / 311

CONTENTS 目录

英国"海王"直升机 / 314
英国"山猫"直升机 / 316

10 "群鹰荟萃"他类飞机 / 318

美国 EA-6B "徘徊者"电子战飞机 / 320
美国 EF-111A "渡鸦"电子战飞机 / 321
美国 P-3C "猎户座"反潜机 / 322
美国 PT-17 "西点军校生"教练机 / 324
美国 T-38 "禽爪"教练机 / 325
美国 T-7A "红鹰"教练机 / 327
俄罗斯 A-40 "信天翁"反潜机 / 329
俄罗斯伊尔-38 "五月"反潜机 / 330
俄罗斯雅克-18 "麦克斯"教练机 / 332
俄罗斯雅克-130 "手套"教练机 / 333
法国"大西洋"ANG 反潜机 / 335
日本 PS-1 反潜机 / 337

"空战神翼"战斗机

战斗机,又称歼击机,是军用飞机中装备数量最多、应用最广、发展最快的机种。很多攻击机、侦察机、电子战飞机等都是在战斗机基础上研制的,因此,战斗机性能就成为能够反映一个国家军用飞机整体水平的重要标志。在现代战争中,战斗机一马当先,冲锋陷阵,被人们称为"蓝天上的神翼"。其主要特点是机身小,速度快,机动性好,火力强,适宜进行空战;还可携带炸弹、导弹突击战场目标。

自20世纪40年代以来,战斗机已发展到第五代。第一代是20世纪40年代末开始服役的1.3倍声速到1.5倍声速的跨声速战斗机,典型的战斗机是米格-15、米格-17、F-84、F-86等,目前大多已退役。第二代超声速战斗机是20世纪50年代初开始服役的2倍声速战斗机,典型的战斗机是米格-19、F-100等,目前仍在发展中国家服役。第三代超声速战斗机是20世纪50年代末开始装备部队的,典型的战斗机是米格-21、米格-23、F-104等。第四代战斗机是20世纪70年代开始服役,与第三代战斗机相比,在飞行速度与飞行高度上差别不大,但机动性大大提高,电子和火控系统也有了飞跃。主要代表机型有米格-29、苏-27、F-15、F-16等,目前是美、俄、英等发达国家军队的主要机种。第五代战斗机是超机动性隐身战斗机,其最大特点是隐身性能好,机动性更强,能超声速巡航,超视距空战能力强,主要代表机型有F-22、F-35、苏-57等。

美国 F-4 "鬼怪"战斗机

F-4，绰号"鬼怪"，是美国道格拉斯公司为美国海军研制的双座双发舰队重型防空战斗机，后来大量装备美国空军，曾参加过越南战争和中东战争，也曾经是美国空军"雷鸟"飞行表演队的表演用机。该机不但空战性能好，对地攻击能力也很强，是美国空军、海军20世纪六七十年代的主力战机。在20世纪60年代成为与苏联的米格-21、法国的"幻影"-3并驾齐驱的世界三大战机之一。

"鬼怪"战斗机的研制工作始于1953年8月，1956年开始设计，1956年12月31日完成最终设计，1958年5月27日第一架原型机试飞，1961年10月开始交付美国海军使用，1963年11月开始装备美国空军。该机共有A、B、C、D、E、J等多种型号，除装备美军外，还出口德国、日本、韩国、以色列、伊朗、西班牙等国家和地区。其中，F-4A为舰载舰队防空战斗机，没有安装航炮，携带4枚"麻雀"空空导弹。F-4B为海军和海军陆战队使用的基本型全天候战斗机，与A型一样主要用于防空和空战，也没有装备航炮。

F-4C是由B型改进的空军用战术战斗机，翼下挂架可以挂各种炸弹和火箭弹发射器。F-4D为C型的改进型，加强了对地攻击能力，用来代替F-105D，部分飞机可携带空地导弹、制导炸弹和反辐射导弹。

F-4E为D型的多用途改进型，是F-4战斗机系列中生产数量最多的一款，主要作为制空战斗机，并兼顾对地攻击任务，外部挂架数量保持不变，前机身内增加了 1 门固定式 20 毫米 M61"火神"6 管航炮。F-4G 是最后的改进型，绰号"野鼬鼠"，是美国空军的反雷达攻击型。

该机采用悬臂式下单翼，全动式整体平尾，机翼为全金属结构，外翼可折叠（海军型），机头相对下垂，采用串列式座舱布局，装有两套操纵系统，安装有弹射座椅，装有 2 台加力式涡轮喷气发动机，机内总载油量 7022 升，腹下可挂 1 个 2273 升副油箱，翼下可挂 1 对 1400 升副油箱，安装有可进行"伙伴"式空中加油的装置。

机上装有中央大气数据计算机、通信导航识别系统、计数器加速表、雷达高度表、全高度轰炸系统、导航计算机、惯性导航系统、武器投放系统、光学瞄准具、雷达寻的和警戒系统、自动火力控制系统、火控雷达、备用姿态参考系统等电子光学设备。

F-4 战斗机

美国 F-5E "虎" Ⅱ 战斗机

F-5E 是美国诺斯罗普公司在 F-5A 的基础上研制的单座轻型战斗机，绰号"虎"Ⅱ。F-5A 是美国 20 世纪 60 年代大批出口的"军援"战斗机。1970 年美国政府决定用 F-5E 代替 F-5A。第一架 F-5E 于 1972 年 8 月首次试飞，批量生产型 F-5E 于 1973 年开始交付。

在 F-5E 基础上发展的型别有：RF-5E，侦察型；F 型，E 型的双座教练/战斗型，机身加长 1.2 米，保留了原来的火力控制系统，但去掉 1 门 M39 机炮，1976 年开始交付使用，共生产 237 架；G 型，后改称 F-20。1987 年 1 月 F-5 战斗机停产，各种型别的 F-5 战斗机共生产了 2610 架。

其中 F-5E（包括 RF-5E 和 F-5F）生产了 1215 架。使用 F-5E 的国家和地区除美国外，还有巴西、埃及、伊朗、约旦、沙特、马来西亚、印度尼西亚、韩国、新加坡、泰国、突尼斯、墨西哥等。F-5E 战斗机的低空性能和米格-21 相差无几，比米格-21 优越的是具有较好的对地攻击能力。它的翼尖可挂两枚"响尾蛇"空空导弹，机身和机翼下 5 个接点可挂多种炸弹和导弹。对于 20 世纪 70 年代初生产的战斗机来说，F-5E 的技术性能是很不错的，具有制空、拦截、战斗轰炸、近距空中支援等功能。

F-5E 还发生过几起著名的事故。1995 年 9 月 16 日是墨西哥独立 185 周年的纪念日，F-5E "虎" Ⅱ 战斗机参加了这一天举行的盛大阅兵式。上午 11 时整，阅兵式正式开始，陆、海、空三军组成的方

F-5E战斗机

队,迈着雄壮有力的步伐通过检阅台。广场上上万名市民的目光和总统的目光不约而同地转向整齐行进的方队。就在地面方队将要全部通过检阅台的时刻,由121架各种型号的战斗机组成的空中编队,排着整齐的队形,向广场上空飞了过来。然而,此刻墨西哥城的郊外,一场悲剧已经发生,一架参加空中检阅的F-5E"虎"Ⅱ战斗机在空中"追"上了一架T-33"天狐"教练机。这两架飞机在空中"拥抱",轰的一声,"虎"落平阳,"天狐"坠地,两架飞机变成了无数碎片,在空中飞散下来。另外两架正在空中编队飞行的T-33"天狐"教练机的飞行员看到了这悲惨的场面,慌了手脚,又重蹈覆辙,也在空中相撞。

美国 F-15 "鹰" 战斗机

F-15 战斗机由美国麦克唐纳·道格拉斯公司研制生产，绰号"鹰"，作为 F-4 战斗机的后继型号，1972 年 7 月，原型机试飞。1974 年 11 月开始服役，至今已生产 1000 多架。由于 F-15 性能比较全面，既可用于近距格斗，又具有雷达下视能力，可对地面目标进行攻击，因此，美国只将其出售给沙特、以色列以及日本等最忠实的盟友。

F-15 是一种单座双发超声速重型喷气战斗机。在设计中通过低翼载和大推重比来达到跨声速条件下的高机动空战能力，能做高空高机动飞行和洲际转场飞行。F-15E 虽然保留了 F-15C 全部空对空作战能力，但加大了重量和翼载荷，执行攻击任务飞向目的地途中具备一定的空战能力，在返航途中则可以全力进行空战。在对地攻击方面，F-15E 能够在夜间利用云层突防，然后降低到 61 米高度，在云下投放武器、用前视红外设备识别目标，还可用激光指示器照射目标。F-15E 与 F-15C、F-15D 一样，也可以装保形油箱，其续航能力可达 5 小时左右（不空中加油）。在执行近距空空作战任务时，可拆下油箱，还可利用翼尖的空间增加载油量。F-15E 战斗机能够从德国的比特堡空军基地转场到波斯湾南部，距离约为 4818 千米。

F-15 与上一代战斗机相比，不仅性能水平有台阶性的提高，而且作战效能明显增强，在实战中战果累累。到目前为止，F-15 没有一架在空战中被对手击落。F-15 问世不久，即在中东地区的局部战争中大显神威。F-15 最出风头的战斗是 1991 年海湾战争

F-15战斗机

空中作战。1991年1月17日,海湾战争爆发的第一天,F-15C就首开纪录,击落了伊拉克空军的1架"幻影"F-1战斗机,拉开了大规模空袭的序幕。此后的3天中,F-15击落了23架伊拉克空军的战斗机,其中包括5架世界最先进机型之一的米格-29。在整个海湾战争中,F-15共击落伊拉克战斗机34架,占击落伊军飞机总数的87%。

　　美中不足的是F-15的价格实在太昂贵,1987年单机价高达3910万美元,即便是富甲一方的美国,也难以大批量采购。因此,美国空军为了解决经费与所需战斗机数量之间的矛盾,提出了"高低搭配"的原则,即数量较少的F-15飞机与数量较多、性能和价格较低的F-16飞机配合使用。近年来,F-22战斗机停产,F-35战斗机装备数量有限,加上部分老旧机型退役,美国空军战力不足问题突出。F-15系列战斗机在一定程度上满足了美国空军的需求,可填补这一缺口。

美国 F-16 "战隼" 战斗机

F-16 战斗机,是美国空军现役的主力战机之一,绰号"战隼",由通用动力公司研制,1992 年 12 月将生产线卖给了洛克希德公司。作为单发单座轻型战斗机,F-16 与价格高昂的 F-15 战斗机形成"高低配置",即性能高、价格高、数量少的飞机与性能低、价格低、数量多的飞机搭配使用,主要用于空中格斗,也可担负近距空中支援、地面攻击、侦察等多种任务,并于 1982 年被美国雷鸟飞行表演队选为表演用机。

F-16 共有 A、B、C、D 四个基本型号,衍生型号包括 E、I、N、R、XL、ADF、AFTI/F-16、F-16/J79、NF-16D 等 13 个型号。其中,A 型为基本型,B 型为双座战斗(教练)型,两者均为空中格斗战斗机;C 型为 A 型的改进型,D 型为 B 型的改进型,两者均具有对地攻击能力。与同时代的米格-29 相比,F-16 拥有比米格-29 大得多的作战半径,不带副油箱时的航程两者差不多,但带副油箱后两者差别又拉大了。F-16 可带两个 1400 升的大副油箱,用一个 1136 升的副油箱即可使它的转场航程达到 3900 千米。

1981 年,F-16 诞生以来第一次投入实战,就曾轻而易举地摧毁了伊拉克的核反应堆。1981 年 6 月 7 日,凌晨,以色列的 8 架 F-16 战斗机在 6 架 F-15 战斗机的掩护下,悄悄地向原子能中心飞来,几十枚炸弹在它附近爆炸。霎时,火光冲天,爆炸声震耳欲聋,滚滚浓烟经久不散。据透露,在攻击伊拉克核反

F-16战斗机

应堆时,每架 F-16 挂带约 2000 千克炸弹,飞行距离为 1000 千米。起飞时,每架飞机挂载了 3 个副油箱,为了不被对方雷达发现,F-16 采用了耗油量极大的低空入侵方式。

1991 年 1 月 17 日海湾战争打响后,多国部队 150 多架 F-16 战斗机出击,猛烈打击伊军。在空中进攻战役阶段,F-16 参与了对伊拉克地空导弹阵地、"飞毛腿"导弹研制生产设施、共和国卫队总部、机场设施、机场跑道、飞机掩体,以及核生化武器设施和炼油厂、交通枢纽等战略、战役、战术目标的全面突击,还承担了空中格斗和空中护航任务,空袭了伊拉克的重要军事目标。在"沙漠风暴"行动中,美国空军第 138 中队的 18 架 F-16A 战斗机,大约出动了 1100 架次,没有一架被击落。飞行员们反映说:"尽管出动架次很多,但服役已经 12 年的 F-16A 战斗机,仍然干得十分出色。"

美国 F-22 "猛禽"战斗机

F-22,绰号"猛禽",是美国目前最先进的重型隐身战斗机,属于世界上第一款服役的第五代战斗机,该机由美国洛克希德·马丁公司和波音公司联合研制,主要用于替换美国空军的 F-15 战斗机,并使之成为美国空军 21 世纪的主力制空战斗机,并肩负对地攻击双重任务。F-22 以"隐身能力""超声速持续巡航""超机动性"和"信息优势",再度拉大与其他国家空军的技术差距,从概念到装备美军用了 24 年时间。F-22 的成功,标志着美国"四代战机"和"隐身空战"这两个新概念已经稳固确立并将持续发挥作用,这是美国善于以概念驱动军事技术和作战方法革新的又一个成功范例。

为了保持对苏-27 战斗机的优势,美国空军于 20 世纪 70 年代末期提出发展新型战斗机的计划。1986 年 10 月,洛克希德公司和诺斯罗普公司分别推出 YF-22 战斗机和 YF-23 战斗机,并按军方的要求进行为期 50 个月的示范(验证)。1990 年 6 月和 9 月,YF-23 和 YF-22 先后开始试飞。1991 年 4 月,经过激烈的竞争,YF-22 原型机最终胜出。1991 年 8 月,洛克希德公司取得了合同,正式开始了制造工作。1997 年 9 月 7 日,F-22 进行了首飞。2003 年 1 月 14 日,首批 F-22 交付美国空军。2005 年 12 月形成初步作战能力。

法国一篇研究报告称,如果按千克成本计算,F-22 每千克成本竟为当时黄金价格的 1.25 倍,18 吨重的 F-22 相当于 22.5 吨黄金，用黄金堆出来的飞行员驾驶着比黄金更加贵重的 F-22，这样的黄金组合让美国产生了作战目标与成本之间的困惑。

2014 年 9 月 22 日晚，F-22 执行了首次作战任务。在美国海军"阿利·伯克"级导弹驱逐舰利用"战斧"巡航导弹发起了第一波攻击后，美国空军与 5 个中东伙伴国联手，先后出动多种先进攻击平台，借着夜幕的掩护，首次对驻扎在叙利亚境内的极端恐怖组织"伊斯兰国"的目标实施了空中打击。

备受瞩目的是，美国军方在空袭行动中第一次动用了 F-22 战斗机，精确摧毁了"伊斯兰国"位于叙利亚中北部拉卡省的总部。此次打击行动对于服役近十年却从未投入实战的 F-22 来说，可谓具有里程碑式的意义，但也引发了"杀鸡焉用宰牛刀"的质疑。

F-22 战斗机

美国 F-35"闪电"Ⅱ战斗机

F-35，绰号"闪电"Ⅱ，是美国目前最先进的单座单发多功能轻型隐身战斗机。该机由美国洛克希德·马丁公司设计生产，可与 F-22 配合使用，主要用于前线支援、目标轰炸、防空截击等多种任务。

F-35 战斗机源于美国联合攻击战斗机计划。为了适应多军种的需求，F-35 共有传统跑道起降的 F-35A、短距（垂直）起降的 F-35B、航空母舰舰载机的 F-35C 三个版本。其中，首架 F-35A（编号 AA-1）于 2006 年 12 月 15 日首次试飞；首架短距起降型 F-35B（编号 BF-1）于 2008 年 6 月 11 日进行第一次试飞；首架海军舰载型 F-35C 于 2010 年 6 月 6 日进行第一次飞行。2012 年 7 月 19 日，英国首架 F-35B 在美国得克萨斯州沃思堡交付，用于英国皇家空军和皇家海军的飞行试验。2018 年 6 月 6 日，皇家空军第 617 中队驾驶 4 架 F-35B 从美国南卡罗来纳州蒲福海军陆战队航空站出发，飞越大西洋回国，历时 8 小时飞行 4800 千米，途中皇家空军 A330MRTT 多用途加油机为 F-35B 编队提供空中加油。2013 年 6 月，首架 F-35C 交付美国海军第 101 战斗机中队。

该机在设计过程中充分利用计算机技术，进行大量的建模与仿真工作，对气动布局、低可探测、结构材料、综合控制等多方面进行了全面优化。在隐身设计上，F-35 借鉴了 F-22 的很多低可探测技术和经验，从外形上看该机甚至就是缩小版的 F-22。F-35 采用

F-35 战斗机

全新的数字化座舱设计,传统的仪表盘和各种仪表被一块大型的彩色数字触摸屏所取代。机上装有诺斯罗普·格鲁曼公司的 AN/APG-81 有源相控阵雷达和光电分布式孔径系统、英国宇航系统公司的综合电子战系统、洛克希德·马丁公司的光电瞄准系统 4 大关键机载电子系统。其中,光电分布式孔径系统由分布在 F-35 机身上的 6 套光电探测装置组成,图像投射到头盔面罩上,飞行员可通过自己的眼睛实现 360°环视。光电瞄准系统具有高分辨率成像、自动跟踪、红外搜索和跟踪、激光指示、测距和激光点跟踪功能,可以在防区外距离上对目标进行精确探测和识别。

美国 F-104 "星" 战斗机

在 20 世纪中期，人类战斗机发展史上出现了一颗耀眼的明星。它一出现就引起了人们的好奇和关注，它是那样的独特，以至于试飞员列维尔第一次看到它时，奇怪地问道："机翼在哪里？"它本应成为光芒四射的明星，然而后来发生的一切，给这颗明星蒙上了一层阴影，这颗明星就是洛克希德公司研制的 F-104 战斗机，绰号"星"。F-104 是美国的第一种超过 2 倍声速的飞机，在 11000 米的高空，最大平飞速度达到 2300 千米/小时，曾经数次创造最大平飞、最大高度、爬升时间等一系列世界纪录。

在朝鲜战争期间，苏制米格-15 歼击机的出现，把美国飞行员们的优越感击得粉碎。美国洛克希德公司的天才飞机设计师凯利·约翰逊在 1952 年来到朝鲜战场，走访了 15 个基地，大量听取了美军飞行员的意见和建议，了解飞行员们的真正需求。凯利回到美国后，下决心研制一种简单、轻量、高速的新式战斗机。在此之前，洛克希德公司曾研制过一种 F-90 战斗机，但在竞标中失败了。凯利参考了 F-90 以及道格拉斯公司研制的 X-3 实验机，成功地研发出了一种设计独特的战斗机，这就是后来的 F-104。

这种新型战斗机的机身修长，且重量较轻，尤其是它的那对翼展很短，厚度极薄的机翼，与 X-3 非常相像。F-104 的整个机身设计，始终把低阻、轻量作为首要的追求目标，而且机翼也设计得小而薄，这样一来，不但可以降低阻力，而且由于机翼非常薄，不

F-104 战斗机

容易结冰，所以机翼上不必安装除冰设备。在襟翼上方设有附面层控制系统吹气导管，当襟翼放下时，利用从发动机压气机引来的气流进行吹气以增加升力。

由于 F-104 的性能表现不错，加上生产成本较低，因此美国空军在 1957 年曾计划采购 610 架，但随后美国空军的战术思想发生了转变，加上 F-104 所暴露出来的航程太短、事故频繁等致命的缺陷，所以美国空军最终只订购了 300 架左右，并且不久就退出了现役。洛克希德公司只得尽力去开发国外客户，以拯救 F-104，他们在这方面获得了巨大的成功。作为一种战斗机，F-104 表现得不太优秀，它几乎没有什么实战记录，因此取得的战绩更是少得可怜。与此相反，坠机事故却是一大筐。F-104 坠机率高达 32%，被人称为"寡妇制造者"。

美国 F-117 "夜鹰" 战斗机

作为第一种隐身作战飞机，F-117 战斗机的问世和应用，具有划时代的意义。F-117A 是历史上第一种真正具备了隐身能力的飞机，也是第一种为美军服役的隐身飞机，可算是当时美军武库中最先进的装备之一，它是美国洛克希德公司研制的世界上第一架实用的隐身战斗机，也是世界上用于特殊侦察或攻击任务最有效的突防飞机，绰号"夜鹰"。

1978 年美国实施代号为"大趋势"的计划，着手研制 F-117A 隐身飞机。年底洛克希德公司获得了美国空军研制全尺寸生产型飞机代号即为"大趋势"的合同。1981 年 6 月首飞失败，1981 年 10 月试飞成功，1982 年 9 月，F-117A 开始交付美国空军使用。交付的第一架飞机于 1983 年初试飞，9 月 2 日正式交付给位于托诺帕试验靶场的 4450 战术大队。1983 年 10 月，第一个 F-117A 中队在加利福尼亚州内利斯空军基地的格鲁姆湖设施处建立。同年洛克希德公司收到第二个合同，从而使 F-117A 的订货增加到 59 架。这些飞机在 20 世纪 80 年代以每年 8 架的速度制造。1987 年 1 月，第二个部队——4451 试飞中队达到飞行状态，与此同时，第三个部队——4452 试飞中队投入训练。到 1987 年，有报道洛克希德公司已经生产了大约 56 架 F-117A。真正的编号"F-117A"第一次出现于 1987—1988 年的冬季，并可能代表一种封锁消息的新奇形式。1989 年 10 月，4450 战术大队被命名为第 37 战术战斗机联队。这是美国空军唯一装备 F-117

F-117 战斗机

隐身战斗机的联队,是一支世界空军王牌部队。但因设计时主要考虑隐身性能,F-117A 在作战方面存在很多缺陷,如飞行速度慢、机动能力差等。后来,能力更加全面的隐身战斗机(F-22)的出现将 F-117A 逐渐取代,2008 年 4 月,F-117A 全部退役。

从平时训练和 1989 年 12 月 20 日入侵巴拿马作战使用看,F-117A 攻击时通常从大约 7500 米高度接近目标,然后为提高命中精度再下降至数百米,采用水平直线飞行姿态投掷武器。据说,F-117A 在训练时使用的红外辐射目标,竟然是设在居民区的一个洗澡用的热水桶,而其轰炸偏差仅为 0.9 米,可见其投弹命中精度之高!

1989年12月20日凌晨，当人们还在朦胧地沉睡，突然一阵巨大的爆炸声隆隆响起。美军两个中队F-117A隐身战斗机成功地躲过了几个国家的雷达系统的监视，长途跋涉数千千米，突然袭击了位于巴拿马城以西120千米的一个驻扎着两个步兵团的军用机场。

在海湾战争的42天时间里，F-117飞机出动了近1300架次，投弹2000多吨，飞行6900多小时，95%命中了目标。这个数字仅占多国部队全部参战的20余种40多个型号1740架飞机总出动架次的不到2%，而其所攻击的战略目标，却占到了攻击目标总数的40%，其1/3的出动量则是深入防护森严的巴格达。它不仅是唯一能够攻击巴格达市区内目标和打击其通信控制中心等12类目标的飞机，而且出战时"天马行空，独来独往"，很少甚至不采用直接电子战或者要求其他战斗机支援。

1999年3月27日，在F-117A隐身战斗机辉煌战史上，这是一个"黑色星期六"，一架编号为"AF-82-806"的F-117A隐身战斗机在重兵防御的贝尔格莱德附近向打击目标投下了2枚"铺路"激光制导炸弹后正在飞回基地途中，于当地时间27日晚8时45分左右在贝尔格莱德以西60千米沙巴茨和鲁马之间的地区被击落，随后坠毁在贝尔格莱德以西40千米的村庄附近。当飞机经过山峦起伏的危险地带时，隐藏在这里的SA-3导弹腾空而起，击中了雷达几乎看不见的隐身飞机。这是号称百战百胜的目前世界最先进的F-117"夜鹰"隐身战斗机首次被击落。

美国 XF-85 "飞蛋" 战斗机

世界上最小的战斗机——XF-85，是一款寄生式战斗机，即用大型航空器搭载小型飞机的方式，以弥补后者航程不足或执行特定任务，也称为"子母机"。这款袖珍版战斗机的外形酷似一枚鸡蛋，被称为"飞蛋"。它试飞的时间非常短暂，可谓昙花一现，但它的出现，是战机设计领域的一次大胆探索。

第二次世界大战期间，远程轰炸机孤军深入敌后执行任务已经成为一种常态，因护航战斗机航程较短，飞行员常常有去无回。为解决远程轰炸机护航问题，美国军方提出轰炸机周围应有护航战斗机伴随的设想，并专门委托麦克唐纳飞机公司开发研制一种寄生式战斗机。麦克唐纳公司很快拿出了一个战斗机半埋入轰炸机机腹的方案，但并未被认可。之后，方案修改为将子机装入母机内部，需要战斗时投放，结束后收回，以此解决远程轰炸机无战斗机护航的问题。

1946 年，两架 XF-85 原型机相继问世。它使用可以向上折叠的 37° 后掠主翼，机身长 4.53 米，翼展 6.43 米，高度 3.35 米，整架飞机大小和小型汽车相仿。该机没有传统的起落架，而是在机头部安装一个可收入机身的挂钩杆，供吊放和回收用。虽然机体小，但 XF-85 整机空重达 1807 千克，全副武装时达到 2540 千克。发动机采用 1360 千克推力的涡轮喷气发动机，万米高空的最大飞行时速可达 922 千米。不过，它的飞行时间只有大约 30 分钟，是一枚插着翅膀却飞不远的"鸡蛋"。

XF-85 战斗机

第一架 XF-85 原型机在进行风洞测试时损坏，所以只能使用第二架原型机进行试飞。1948 年 8 月 23 日，XF-85 由 EB-29 母机携行飞至 6096 米高度，但没有投放。8 月 28 日，开始首次投放。一名王牌试飞员操纵 XF-85 脱离 EB-29 母机，自由飞行 15 分钟，测试新飞机的操控性。XF-85 在返回母机时出现了问题，由于受到强烈的乱流影响难以保持相对稳定，试飞员几次努力都无法钩住吊架，最终不得不选择在一处干湖床上迫降。

很快，经过调整的 XF-85 再次飞上蓝天。这一次，在提心吊胆的气氛中总算与母机成功对接，之后的 2 次试飞均有惊无险地完成回收程序。但在第 5 次试飞中，因机头挂钩的基座整流片被剧烈的气流吹掉，导致 XF-85 几乎失控，试飞员不得不采取机腹着陆的方式迫降，好在机体过硬，没有发生解体。吸取了此次教训，XF-85 临时安装了一个外部起落架，解决了机场迫降问题。为提高操控稳定性，设计师又在机翼翼尖上加装了垂直安定面，但收效甚微，第 6 次试飞对接再度失败。

最后，他们分析发现，由于 XF-85 的气动布局不佳，母机飞行时，周围产生的不规则气流对其影响非常大。因此，在空中试飞时，就连王牌试飞员也很难将挂钩挂上吊架。此外，XF-85 的各项性能也比不上国外即将服役的截击机。1949 年秋美国国会削减预算，导致数个美国空军项目资金短缺，于是美国空军在 1949 年 10 月 24 日终止了 XF-85 项目。幸运的是，两架 XF-85 原型机都保留下来，放置在博物馆，供人们参观。

美国 P-47"雷电"战斗机

说到 P-47 战斗机（绰号"雷电"），不得不提生产它的"共和飞机公司"，这家公司的老板亚历山大·舍维尔斯基曾是沙皇俄国的飞行员，在第一次世界大战期间曾击落过德军的飞机。十月革命之后，他不敢返回俄国，于是留在美国创立了舍维尔斯基飞机公司。当时，在巴黎航空学校留学，同样不敢返回俄国的卡特维利找到了他，于是两人一起在原有公司的基础上创立了共和飞机公司。由舍维尔斯基任老板，卡特维利任总设计师。

"二战"爆发后，美国急需各种先进战机，于是很多飞机公司都转去生产军用飞机，包括大名鼎鼎的波音公司。共和飞机公司参与了高空战斗机的竞标，他们准备用一种使用水冷发动机的战斗机竞标，但是飞机生产出来之后性能并不尽如人意。这时，欧洲前线传来消息，前线飞行员们认为最好的战斗机要有坚实的装甲、最快的速度和最强的火力，至于原来很多设计师看重的灵活性，反倒没那么重要。

收到前线反馈后，卡特维利马上调整设计方案。这一次，他选择了风冷发动机，为了保证飞机的飞行速度，他选择了当时输出功率最大的普惠 R2800"双黄蜂"发动机，而且应用了当时比较先进的涡轮增压技术。有趣的是，其他的飞机是先设计机身，后装发动机，而 P-47 战斗机是先选发动机，再以发动机为基础来设计飞机机身。卡特维利将涡轮增压器布置在机身后方，巨大的发动机和同样巨大的涡轮增压器，

P-47 战斗机

使得这架飞机起飞重量达到了史无前例的 5.5 吨，几乎是同时代战斗机的两倍。

这架飞机在测试时表现出了非常好的加速性能，它的平飞极速达到了 690 千米 / 小时，完全可以入选当时世界上飞行速度最快的飞机榜单。不过，它最优秀的性能还是俯冲时的稳定性和远超平飞极速的最大速度。早期的 P-47 战斗机甚至因为飞行速度太快，出现过高速强力气流将帆布蒙皮吹爆、把操纵舵面吹掉的事情。可见，P-47 战斗机的速度之快远超设计师的预期。

由于技术问题，P-47战斗机一直到1943年3月才参战。首先使用P-47战斗机的是长期在英国作战的美国陆军航空兵第4大队。第4大队之前使用的都是外形小巧、机动灵活的英国"喷火"战斗机，在1942年，飞行员们第一次见到P-47战斗机时，他们对眼前这个丑陋的庞然大物感到震惊，并对这架飞机在飞行中的笨拙表现提出疑虑，很多飞行员强烈要求保留自己原来的"喷火"战斗机。在他们看来，如果灵活的"喷火"战斗机都对德国空军束手无策，那么这个长得像奶瓶一样的"大笨鸟"更不会有什么作为。

与第4大队不同，美国另一个传奇大队——第56大队则对P-47战斗机喜爱有加。甚至有飞行员回忆说，有一天一群飞行员听见空荡荡的机场上空传来R2800"双黄蜂"发动机特有的轰鸣声，他们欣喜若狂地跑出去看。飞机降落后，大家跃跃欲试，大队指挥官却下令称，谁第一个未经批准开新飞机上天，罚款5英镑！可是飞行员们很快商议了一下，5英镑，只罚第一个人，如果大家平摊一下，不就可以都去试开了！于是所有飞行员在一顶飞行帽里集资凑够了5英镑硬币，由胆子最大的飞行员放在了大队长办公室的桌子上，接下来的一天，第56大队的飞行员们轮流驾驶新飞机，过足了瘾。

P-47最大的优点便是机身坚实。除了这个优点，人们还发现它那结实而宽大的机翼下能挂载很多武器装备，如炸弹、火箭弹等，再加上机翼上原来就有的8挺机枪，挂满武器的P-47俨然就是一辆"空中坦克"。德军引以为傲的先进坦克频繁毁于P-47的空袭,"虎"式坦克车组刚刚耀武扬威地击毁了美军的坦克,转眼就被P-47的火箭弹炸得支离破碎。就连在陆地上几乎没有敌手的"末日战车"——"猎豹"坦克歼击车,最终也大部分毁于P-47的火箭弹。除了德军的坦克,P-47的飞行员最喜欢的轰炸目标就是蒸汽火车头,子弹打到火车头上,锅炉会砰的一声被炸飞。为了对抗这些在低空呼啸而过的"雷电",德军启用了装甲火车,甚至专门在火车上装备了高射炮。不过,高射炮的威胁并不能吓退皮糙肉厚的P-47,它们常常能够在高射炮群中杀出一条血路。

作为战斗机,P-47不够完美,但作为战斗轰炸机,P-47可谓天赋异禀。据统计,在"二战"中P-47共投下132482吨炸弹,发射了59567枚火箭弹,以及1.35亿发子弹。在整个欧洲战场,P-47共击毁了86000节火车车厢、9000个火车头、6000辆坦克和装甲车、6800辆卡车,2752架空中敌机,3315架地面敌机。如果说作为战斗机,P-47的空战能力为它赢得了美国陆军航空兵的喜爱,那么作为战斗轰炸机,P-47则赢得了来自美国陆军底层士兵和坦克车组的尊重。

俄罗斯苏-24"击剑手"战斗机

苏-24是苏霍伊实验设计局研制的双座双发变后掠翼战斗轰炸机,北约组织给予它的绰号为"击剑手",是苏联为了加强前线航空兵的对地攻击能力而研制的,也是第二次世界大战后苏联第一种专门为执行对地攻击任务而设计的战斗机。该机具有高速突防能力和全天候能力,可以携带制导和非制导武器对敌方500～1300千米纵深的目标实施遮断攻击,也可带小型核弹进行战术核轰炸。其续航时间长,航程远,加速性好,从松开刹车爬升到12200米高度只需

1分30秒，高空性能好。苏-24于1964年开始研制，1967年6月代号为T-6-1的原型机试飞。初始生产型编号为苏-19，于1974年服役，后改编号为苏-24。

苏-24的主要型别有苏-24M、苏-24MR。苏-24战斗轰炸机的各种型号从1974年开始服役之后，已经生产了超过1000架，绝大部分都装备苏联空军。苏-24在其出现时是世界上唯一有能力和美国F-111抗衡的先进机型，从装备之后也一直是北约所面对的重要空中威胁之一。苏-24战斗轰炸机可以被认为是苏联飞机设计中的成功典型，在高空、高速飞行性能和低空、高速突防能力上都达到了很高标准。但是，在看到苏-24战斗轰炸机作为战术攻击机具有优异性

苏-24战斗机

能的同时，还应看到该系列中承担对地攻击任务的最后一种改进型——苏-24M早在1983年就已经开始服役。苏-24M是主要攻击型，1977年首次试飞，1983年服役。加装受油管，可进行空中加油。机头部分增加约0.75米，垂尾下部弦长增大，使前缘更弯曲，在雷达罩与座舱之间增加了电子设备舱，垂尾前缘增装了一个天线。机翼的外翼翼刀加大，翼套下的挂架延长，可挂带几乎所有的苏制标准战术空地导弹和火箭筒。前起落架舱之后安装了带有激光照射/测距仪的新型电光系统。出口型的编号为苏-24MK。苏-24MR是侦察/电子战型，配备了机载侦察设备BKR-1，由"刺刀"M-101侧视雷达（位于机腹吊舱中），"尖顶-2M""太空-1M"和"俯仰"SRS-14红外设备组成，自我防御系统与苏-24M相同。具备空中加油及携带空地导弹的能力。机头罩缩短，在每侧发动机进气道的前段下方有"曲棍球棒"天线。

　　2014年4月，美国装有"战斧"巡航导弹的"唐纳德·库克"号驱逐舰驶入黑海中立区水域，俄罗斯空军派出苏-24在驱逐舰附近绕飞，并对"宙斯盾"系统成功进行干扰，导致"战斧"巡航导弹无法获得目标指示。2015年8月叙利亚空军出动大批苏-24MK战斗轰炸机，空袭首都大马士革东北郊的杜马镇；2015年11月24日，一架苏-24M被土耳其军方的F-16战斗机击落。2017年10月10日中午，俄罗斯一架执行空袭任务的苏-24从赫梅米姆空军基地起飞时冲出跑道解体坠毁，机上两名飞行员双双遇难，失事原因暂未公开。

俄罗斯苏-25"蛙足"战斗机

苏-25是苏霍伊实验设计局研制的双发单座攻击机和双座高级教练机,单座基本型北约组织命名为"蛙足",主要用于执行近距空中支援任务,也可用于武器系统训练和飞行员培训。苏-25的主要型别有单座基本型苏-25,基本型的出口型苏-25K,拖靶型苏-25BM、基本型的全天候反坦克改型苏-25T、基本型改型苏-25SM/SM3、基本型改进型苏-25KM,以及教练型,包括串列双座的教练/攻击型苏-25UB、出口型苏-25UBK、苏-25UT、舰载教练型苏-25UTG、改进型苏-25UBM等。苏-25在1978—1989年生产了582架,此后停产,从1981年开始进入苏联空军服役,1984年具备全面作战能力。苏-25SM首架原型机于2002年1月出厂,3月完成首飞,2006年开始交付。2016年,俄罗斯升级出苏-25SM3,换装"维杰布斯克"自卫系统,使飞机的自我防御能力明显提升。苏-25UTG在机尾下部增加了着舰拦阻钩。首架原型机(T8UTG-1)于1988年9月1日首飞,1989年11月1日与米格-29K和苏-27K一同在"库兹涅佐夫"号航空母舰上进行了起降试验,1995年12月有2架该型机随"库"舰部署到亚得里亚海。由于苏联解体后部分该型机留在了乌克兰,另有一些飞机在使用中损耗,俄罗斯海军将一些苏-25UB改装为与苏-25UTG基本相同的机型,这些改装机被编号为苏-25UBP。苏-25系列飞机大部分装备俄罗斯空军和海军航空兵。

苏-25战斗机

苏-25首次实战部署是在阿富汗，在苏联入侵阿富汗的战争中，该机多次执行镇压阿富汗反抗力量的任务，共完成了超过60000架次任务飞行，有23架在战斗中损失。在1980—1988年的两伊战争中，伊拉克空军用苏-25对伊朗实施攻击；在1991年的海湾战争中，伊拉克的大多数苏-25被摧毁，部分飞机飞往伊朗，被伊朗接收使用。在2001年的马其顿冲突中，马其顿空军使用苏-25攻击了来自阿尔巴尼亚的入侵部队。在2008年8月俄罗斯与格鲁吉亚之间的南奥塞梯冲突中，俄罗斯和格鲁吉亚双方均使用了苏-25，其中3架俄军苏-25被格军的防空火力击落。在2015年爆发的乌克兰冲突中，乌克兰空军至少有3架苏-25被乌民间武装的简易地面防空设备击落。在叙利亚战争中，俄罗斯空天军一架苏-25SM被叙武装分子击落。

俄罗斯苏-27"侧卫"战斗机

苏-27，绰号"侧卫"，是一种单座双发全天候重型战斗机。该机以美国F-15重型战斗机为主要假想敌，由苏联苏霍伊设计局研制，具有机动性好、续航时间长、超视距作战能力强等特点，主要担负国土防空、护航、海上巡逻等任务。

为了反制美国F-15重型战斗机，苏联于1969年将研制新型战斗机的任务下达给了苏霍伊、米高扬和雅可夫列夫三个著名的飞机设计局。1971年初，苏霍伊设计局提出的T-10设计方案入选。首架T-10-1于1977年初出厂，同年5月20日试飞。1978年，2号机T-10-2出厂，但在不久后的试飞中，由于电传操纵系统故障而坠毁，试飞员牺牲。3号机T-10-3于1979年出厂，并于同年8月23日首飞成功。就在苏-27战斗机研制工作即将大功告成的时候，苏联从波兰间

苏-27战斗机

谍马里安·佐查斯基得到的 F-15 情报对比后，发现 T-10 依然处于下风。为此，该机几乎重新设计，被命名为 T-10S（S 代表系列，即 Series）。

1980 年，第一架 T-10S-1 出厂，1981 年 4 月 20 日首飞，但性能依然不够可靠，最后因燃油系统故障于 1981 年 9 月 3 日坠毁，试飞员逃生。1981 年 12 月 23 日，第 2 架 T-10S-2 由于前缘襟翼故障坠毁，试飞员不幸遇难。经过一系列改进后，真正的生产型苏-27 终于在 1982 年 11 月出厂，苏联称之为苏-27S，并于 1985 年服役。

该机于 1989 年 11 月创造了用 25.4 秒爬高到了 3000 米的世界纪录，在 1989 年 12 月又创造了用 37.1 秒爬高到 6000 米、47.1 秒爬高到 9000 米和 58.4 秒爬高到 12000 米的 3 项世界纪录。在申报时给出的数据：装 2 台加力推力为 133.25 千牛的 P-32 发动机，飞机起飞重量 14110 千克。在 1989 年巴黎国际航空展览会上，俄罗斯飞行员维克多·普加乔夫驾驶苏-27 表演的"眼镜蛇"机动，在航空界更是引起了极大震动。

苏-27 共有苏-27、苏-27K（舰载战斗/攻击型）、苏-27KU（双座战斗轰炸型）、苏-27UB（双座教练）、苏-27P（苏-27S）、苏-27PD（加装空中加油装置）、苏-27SK（出口型）、苏-27SMK（苏-27SK 改良出口型）等型号。2017 年 6 月，俄罗斯波罗的海舰队防空部队执勤时，1 架苏-27 战斗机对 1 架美军的 RC-135 侦察机进行拦截，2019 年 1 月至 3 月，在波罗的海上空中立空域分别对美军 P-8A"波塞冬"侦察机、瑞典无线电技术侦察机等进行了拦截。

俄罗斯苏-30"侧卫C"战斗机

苏-30战斗机，绰号"侧卫C"，是苏联苏霍伊设计局研制的双座双发多用途战斗机，属于第三代战斗机的改进型，即三代半战斗机。最初称为苏-27PU，1989年12月31日首飞，出口型命名为苏-30K，增强对地作战功能。其中出口印度的型号为苏-30MKI，出口中国的为苏-30MKK。苏-30战斗机是在苏-27基础上改进而成的战斗轰炸机，作用类似于F-15E，突出了对空对地双重用途的能力，具有超低空持续飞行能力、良好的机动性和一定的隐身性能，在缺乏地面指挥系统信息时仍可独立完成歼击与攻击任务。

苏-30战斗机能长时间进行空中巡逻飞行，飞行时间10小时，而不用空中加油。该型既保留了独自参加空战的能力，又具备空中编队指挥机的能力，能在编队中指挥其他飞机作战。飞行员座舱中配备了单人的卫生间，以便长时间飞行时所需。苏-30上安装了先进的H001"宝剑"雷达，能与新型的P-BB-AE中距空空导弹配套使用。该雷达可同时制导两枚导弹攻击不同的空中目标，并具有部分攻击地面目标的能力。座舱后舱的布局做了调整，安装了战术情况显示器和执行其他任务的专用设备，使其从单纯的战斗机变成能在编队中指挥和引导其他苏-30作战的指挥飞机。

早在2008年8月，俄罗斯与格鲁吉亚爆发了武装冲突，俄罗斯空军临时借用了伊尔库特公司生产的苏-30MKI/MKM原型机，有效地打击了地面目

苏-30战斗机

标。在战争结束后,俄罗斯空军经过全面评估,决定采购一种基于苏-30MKI战斗机的本土衍生型。于是,俄罗斯联合飞机集团旗下的伊尔库特公司在为印度空军批量生产苏-30MKI的基础上,为本国空军量身定制了总体性能出色、质量更好、成本显著降低的苏-30SM多用途战斗机。

从作战飞机改进发展过程来看,高性能战斗机以"出口转内销"途径装备本国空军并不多见,苏-30SM可谓是一个特例。从编号命名来看,苏-30SM与苏-30MKI同为苏-30战斗机的衍生型,其后缀的S代表"批生产",M代表"改进型"。苏-30SM的顺利问世在很大程度上得益于俄罗斯全面实施的《国家武器计划(2011—2020)》。借助出口项目的生产经验,苏-30SM的研制生产和试飞鉴定过程十分顺利。2012年9月21日,苏-30SM战斗机成功地完成了首次飞行。2013年6月28日，俄罗斯国家试飞中心和国防部签署文件，批准通过了苏-30SM的联合飞行试验结果。同年8月，该机在第11届莫斯科航展上首次亮相。

从作战使用来看，俄罗斯空军的苏-30SM和苏-35S战斗机优势互补。与苏-35S相比，苏-30SM更加侧重对地/对海打击任务，兼具夺取空中优势和空中指挥能力。顺理成章，该机成为俄罗斯在叙利亚部署行动的"急先锋"。

2015年9月20日，俄罗斯空军的4架苏-30SM率先飞抵叙利亚境内，主要为叙利亚政府军提供空中支援，携带R-27主动雷达制导导弹和R-73红外制导导弹，随时可以升空执行空中打击任务。2015年10月3日和4日，苏-30SM和苏-24先后两次进入土耳其南部哈提省的领空，与土耳其空军的F-16战斗机进行了一次"亲密接触"。当时，苏-30SM深入土耳其领空8千米左右的空域，土耳其空军的两架F-16紧急升空。苏-30SM在遭到警告和拦截时，并未立即掉头返回，反而启动了火控雷达，持续锁定F-16长达5分40秒。此举令土耳其恼羞成怒，等待机会寻求报复。2015年11月24日，土耳其空军的一架F-16守株待兔，在土叙边境击落了一架穿越土叙边境上空的苏-24M。此后，俄罗斯决定使用更加先进的战斗机和远程防空导弹防御针对本国军机的威胁。俄罗斯空军立即派出了4架苏-35S，部署在赫梅尼姆空军基地，开始执行作战任务。

俄罗斯苏-34"鸭嘴兽"战斗机

苏-34是苏联苏霍伊设计局在苏-27UB战斗教练机的基础上研制的第三代双发双座远程战斗轰炸机，用来取代苏-17、米格-27、苏-24和部分苏-25等战斗轰炸机或攻击机，可执行纵深打击、近距空中支援、随队干扰等多种任务。苏-34继承了苏-27战斗机家族优异的气动外形，采用并列双座的座舱设计，机头扁平且类似鸭嘴，可以有效减少雷达反射面积，提升战场存活力，因此又被昵称为"鸭嘴兽"。

1983年启动设计工作，首架原型机由苏-27UB战斗教练机改装，并在1990年完成首飞。2003年首架全状态机完成首飞，2006年开始交付，从2006年12月28日开始，位于阿赫图宾斯克的俄罗斯空军试飞中心开展了苏-34飞机的第二阶段国家定型试验，共有7架飞机参与。2007年8月3日，02号机正式交付位于利佩茨克的俄罗斯空军第4战斗训练与换装中心。

苏-34原型机、预生产型和最初的生产型飞机仍装2台"土星"科研生产联合体股份公司的AL-31F涡扇发动机。与苏-27UB相比，苏-34空重增加了大约30%（其中装甲重量增加了1480千克），最大起飞重量提高了大约50%，机内载油量增加了大约30%。重新设计了前机身，增加了宽度，以便采用并列双座座舱。增加了一对后掠的全动前翼，并相应修改了边条翼的形状。该机的前翼与苏-30M（带有前翼的型别）、苏-33和苏-27M的前翼相同。同时，边条翼一直向前延伸到机头雷达罩前端,在前机身两侧形成了脊线/机身边条,降低了飞机的雷达截面积。中机身段的容积加大,仅此处的改动就使全机燃油容量比苏-27增加10%。

2015年10月,俄罗斯空天军利用大型民航客机的雷达信号掩护6架苏-34进驻叙利亚,主要执行对敌重点目标进行精确打击任务。2015年11月,苏-24被土耳其飞机击落后,苏-34首次前往叙利亚执行军事任务,其广域的武器使用特点,大幅提高了空袭能力和目标范围。

苏-34战斗机

俄罗斯苏-35"超级侧卫"战斗机

苏-35战斗机

苏-35是苏-27的最新改进型,曾称苏-27M,绰号"超级侧卫",号称世界上最接近四代机的三代机,基本上应用了当时俄罗斯航空工业所有的先进技术。苏-35既有空中拦截能力,又能攻击敌方的地面和海上目标。苏-35加装了全动式鸭式前翼和加大前缘延伸部,使该机瞬间转弯速率和大迎角机动性能提高,增加了垂尾油箱,采用数字式电传操纵系统,换装大功率涡扇发动机,单台加力推力137.3千牛(14000千克),比苏-27所用发动机推力提高10%。苏-35重量比苏-27有所增加,但推重比并没有减小。苏-35采用了推力矢量技术,提高了飞机的机动性能。普加乔夫曾驾驶苏-35飞机在做"眼镜蛇"机动的同时,还增加了坡度为90°的大迎角和过载为9g转弯状态的新式俯冲机动,还称这种机动方式为"钩"。据称,"眼镜蛇"和"钩"机动,能使处于被攻击的飞机摆脱"敌机"并使飞机机头很快能对准"敌机",变被动为主动。

苏-35改进了机载设备,改用新型大功率多功能火控雷达,对空探测距离为389千米(苏-27为100千米),下视探测距离为194千米。在空对空工作方式时,边扫描边跟踪,可同时跟踪15个目标,攻击其中 6 个目标；在空对地工作方式时，火控雷达具有地形测绘和地形跟踪能力，加装了平视显示器和下视显示器，改进了红外搜索与跟踪系统。加装了尾视火控雷达和新型空空导弹，可实施"越肩发射"。该机空重 18400 千克，最大载重量 8000 千克，升限 18000 米，航程 3000 千米，经空中加油可达 6500 千米，能在 1200 米长的水泥或草地跑道上起飞。该机加装了空中受油设备，适合远程作战，前起落架由单轮改为双轮。

以同为三代半的法国"阵风"战斗机为比较对象，从单机性能指标来看，苏-35 在数据上确实拥有碾压"阵风"的资本，如在垂直机动性能方面，1175 发动机能够使标准挂载的苏-35 的空战推重比达到 1.2 左右，而尺寸体积明显小一号的"阵风"的空战推重比也才约 1.09。另外，苏-35 多达 12 个武器挂架能够搭载 8 吨左右的武器，而且因为内油箱足够大，在相同载油量的前提下，武器搭载能力超过"阵风"近 50%，持续作战能力更强。

2019 年 11 月 12 日，4 架苏-35S 战斗机降落在莫斯科的库宾卡空军基地，交付给了俄罗斯空天军"俄罗斯勇士"飞行表演队。苏-35S 是俄罗斯的现役主力重型战斗机，也是主推的外销机型，一个是双座，一个是单座，都配备了矢量推力发动机。"俄罗斯勇士"飞行表演队得益于这两型战机优异的超机动能力，通过表演动作编排，不仅能以精彩的特技表演动作给人们带来视觉享受，也有利于这两种外销机型的品牌推广和市场开拓。

俄罗斯苏-37"终结者"战斗机

　　苏霍伊设计局早在20世纪80年代末就开始进行下一代歼击机的研制发展工作,但是也同样面临着由于苏联解体而造成的严重的资金短缺问题,使得新一代歼击机的研发出现了前所未有的障碍。但随着公司将苏-27家族飞机推向国际市场,具有第四代歼击机特征的苏-37超机动性歼击机出世了。苏-37是在苏-27M的基础上发展起来的,绰号"终结者"。但

苏-37战斗机

是，其性能已远在苏-27和苏-35之上。

苏-37是一种单座、多用途、全天候的空中优势战斗机，由于其机动性能与常规战斗机相比有很大的提高，可完成一般飞机无法完成的高难度机动动作，所以被称为超机动性或超高机动性战斗机。1996年4月，第一架苏-37首次试飞，随后不久，这架苏-37于1996年9月在英国范堡罗国际航空航天博览会上进行了首次飞行表演并引起了轰动，这架飞机是由俄罗斯英雄、著名试飞员叶夫根尼·弗罗洛夫驾驶的。

看过飞行表演的人都为它所表现出的高超机动性能而感叹不已,就连空军的行家们也都认为苏-37的特技飞行动作超出了他们的想象。例如,"普加乔夫眼镜蛇"机动动作后接一个360°滚转、尾冲,在垂直平面内做360°转向的圆形机动(此机动动作被命名为"弗罗洛夫法轮")、低速360°转弯、高速盘旋时以大攻角攻击目标,甚至可以在大迎角情况下以接近零速的状态飞行,还有其他暂未取名的机动动作。苏霍伊设计局的总设计师米哈伊·西蒙诺夫声称,苏-37的这种"超机动性"将改变未来的空战战术。

苏-37之所以有这么好的机动性能,主要是因为它装备了一种功能独特的动力装置,即两台AL-37FU型涡轮风扇发动机。这种发动机不但推重比大,可为歼击机提供强劲的飞行动力,而且采用了先进的转向喷口设计,使飞机具有推力矢量控制能力,可实现超常的高难度机动飞行。同时,苏-37的机载设备也十分先进,电子对抗系统也比苏-27有很大改进。苏-37共有12个外接点,如果采用多用途挂架还可增加到14个,可携带多种空空和空地武器,最大起飞重量可达34吨。

俄罗斯苏-57"恶棍"战斗机

苏-57战斗机

苏霍伊设计局研制的苏-57战斗机(研发代号为T-50),具备与F-22战斗机同级别的超声速巡航和机动性能,北约绰号"恶棍"。该机采用等离子隐身技术,机头、机舱、机翼、进气管等都采用了独特的形状设计,武器舱内置,大量采用复合材料(占飞机外壳的70%,整体结构的40%),以及采用最新的空气动力系统,可最大限度地降低飞机的光、热可探测性,使其隐身性能达到较高水准。

2010年1月29日,苏-57在阿穆尔河畔共青城成功首飞。2011年8月17日在莫斯科郊外的茹科夫斯基空军基地举行的2011年莫斯科国际航空航天展上公开亮相。2013年莫斯科航展上,3架苏-57高调亮相,亚历山大·波格丹诺夫完成了"平螺旋""普加乔夫眼镜蛇"等高难度动作。2013年,普京批准苏-57交付俄罗斯空军进行大量试飞。2014年6月10日,第5架原型机055在靠近莫斯科的茹科夫斯基空军基地地面起火。2015年,普京宣布第一批苏-57将交付俄罗斯空军,并开始部队测试,然后组建飞行大队。俄罗斯空军已于2019年6月签署合同,计划购买76架苏-57战斗机,预计将于2028年交付,届时俄罗斯空军对空、对地和对海打击能力将得到进一步提升。2019年12月，在俄罗斯东南部哈巴洛夫斯克地区的一次测试飞行中，苏-57发生坠机事故。俄军在2021年1月29日正式接收首架量产的苏-57战斗机。2025年，俄罗斯将用苏-57批量替换老旧的米格-29和苏-27战斗机，成为继苏-35战斗机后的新一代主力制空机。

苏-57研发步履维艰，虽然受到普京总统的高度关注，空军对其报以热切期待，但是仍然受到三个难题的困扰：一是缺钱。苏联解体之后，俄罗斯经济严重滑坡，军工生产严重萎缩，军工科研陷于停顿。虽然举全国之力研发苏-57，但是国内经济恶化，又受到西方制裁，加上国际油气价格大跌，使俄罗斯重振军工雄风的梦想受到严重冲击，捉襟见肘的财力难以满足苏-57的烧钱需要。二是少心。苏-57的动力系统至今仍然是个谜题。苏-57原型机装备了两种发动机：一种是1号样机装备的AL-41F发动机（117S）；另一种是后续样机被称为30型的发动机，其主要参数比117发动机要好15%～25%。按照俄罗斯的说法，最终配备苏-57的是编号应为129新型涡扇发动机，但该发动机还在研制之中，何时能装配上苏-57，至今谁也说不准。三是弱能。苏-57相对F-22、F-35等先进隐身战机来说，不仅综合隐身能力明显逊色，而且在全新网络化通信系统、智能化综合信息系统、自动抗干扰装置和自动控制系统等方面的研发起步较晚，因而网络化信息获取、处理与对抗等方面还很难说会具有信息化空战场的最高水准。

俄罗斯米格-15"柴捆"战斗机

米格-15，是苏联第二次世界大战后设计的一种高亚声速单座喷气式战斗机，也是苏联第一代实用型喷气式战斗机。该机由米高扬设计局设计，北约绰号"柴捆"。

苏联早在1920年就开始了燃气涡轮发动机的研究工作，但进展远远落后于英德两国。1945年5月，德国战败投降后，苏联缴获了大量有关喷气发动机的研究资料。此后不久，英国人的一次"慷慨大方"导致了米格-15的诞生。苏联设法从英国进口了25台先进的"尼恩"和"德文特"涡轮喷气发动机。1947

米格-15战斗机

年6月，米高扬设计局使用一台"德文特"发动机制成了第一架米格-15原型机。苏联的克利莫夫发动机中心很快仿制出推力更大的"尼恩"发动机，定名为RD-45型发动机，为米格-15的批量生产创造了条件。该机于1946年开始设计，1947年6月首飞，1948年3月投入批量生产，年底开始交付苏联空军，1954年停产，共生产16500架，是苏联制造数量最多的喷气式飞机。

该机共有米格-15、米格-15P（单座全天候拦截机）、米格-15SB（单座战斗轰炸机）、米格-15SP-5（双座全天候拦截机）、米格-15比斯（改进型单座战斗机）、米格-15比斯T（单座拖靶训练机）等型号。该机不仅大量装备苏联空军，而且波兰、捷克还曾进行仿制，我国在中华人民共和国成立初期也购买了大量米格-15飞机。作为一款非常优秀的战斗机，米格-15与当时的美国F-86战斗机相比，在许多指标上具有优势。特别是装备的大口径航炮，可以击穿当时所有飞机。朝鲜战争中，米格-15以其优异的性能令美国空军飞行员胆战心惊，F-80、F-84、F-86等战斗机均无法与米格-15抗衡。

朝鲜战争期间，苏制米格-15战斗机多次与美军的战斗机发生空战，对美军的飞机构成了严重的威胁，为此，美军将朝鲜西部的清川江和鸭绿江之间的米格战斗机经常出现的空域称为"米格走廊"，并标为"黑色禁区"，主要指的是朝鲜民主主义人民共和国西北部鸭绿江入黄海口附近区域。

俄罗斯米格-21"鱼窝"战斗机

米格-21是苏联米高扬设计局于20世纪50年代初期研制的,是蜚声四海的著名战斗机,机型设计开始于1953年,1955年原型机试飞,1958年开始装备部队,绰号"鱼窝"。至今,至少生产了5000架,并在几个国家中得到仿制,装备国家近40个。

该机性能在20世纪60年代是相当先进的,最大(高空)马赫数为2.10(2230千米/小时),实用升限18000米(挂2枚导弹),最大爬升率150米/秒,航程(机内燃油)1300千米,作战半径270千米,续航时间1小时40分,最大转弯角速度(高度5000米)8.2°/秒,起飞滑跑距离800米,着陆滑跑距离950米。

米格-21是一种气动外形良好的轻型单座单发战斗机,采用机头进气及带平尾的正常气动布局三角机翼设计。其特点是重量轻、机动性好、爬升快、跨声速和超声速操纵性好。米格-21是苏军20世纪60年代主力机,是冷战时代与美国F-104、法国幻影-3齐名的三大对抗机型之一。米格-21与西方同类飞机相比,结构简单轻巧,在不断换装新型电子装置和武器系统而导致总重增加的同时,巧妙地通过扩大机翼面积和发动机推力,使全机推力重量比、翼载荷不变,维持了应有的飞行性能。米格-21最典型的作战武器是一门机炮加2枚空空导弹(中央机腹下另可挂一具副油箱),因此基本上属于近程截击机。米格-21低空性能逊于高空性能,而且航程偏小,不适

米格-21 战斗机

于对地攻击作战。米格-21在使用和生产过程中不断进行改进，共有20多种型别投入批量生产，改进侧重加大航程、增强武器威力，以及改进执行全天候作战和其他任务的能力。米格-21有如此"旺盛"之生命力，得益于它完美的原始设计和坚持不懈的改进改型。

俄罗斯米格-23"鞭挞者"战斗机

米格-23是米高扬设计局继米格-21之后研制的一种变后掠翼超声速战斗机,绰号"鞭挞者"。其最初的设计始于1961年,原型机于1967年5月首飞,1970年试生产并装备部队试用,1973年大量装备部队。

米格-23加速性能较好,在5000米高度,平均格斗重量13400千克的情况下,由马赫数0.5加速到马赫数1.2只需61秒,最小盘旋半径2200米。该机起飞滑跑距离为530米,在用减速伞的情况下,着陆滑跑距离只需800米。

米格-23主要机载设备有"高空云雀"雷达,搜索距离为85千米,跟踪距离为54千米。另外,还有机头下的激光测距仪、雷达报警系统、多普勒导航设备等。主要武器为1门23毫米双管机炮,共有5个外挂架,可挂火箭弹、空空导弹等武器。

米格-23的设计构想源于美国空军的F-111可变翼型战斗机,但是主翼和水平尾翼的相关位置设计,则是苏联独特的设计。米格-23系列战斗机有较强的空战性能,在多次空战中都曾一展身手。1982年6月10日,在叙利亚与以色列在贝卡谷地上空进行的空战中,双方共出动350架飞机,叙利亚损失4架米格-23MФ和8架米格-23MC,击落了10架以色列飞机。在当年12月的又一次叙以空战中,叙利亚的米格-23MЛ击落以色列3架F-15和1架F-4战斗机,而自己无一伤亡。

米格-23身上还发生过一个让人难以置信的故

米格-23 战斗机

事。1989 年 7 月 4 日，苏联驻波兰的一支空军部队正在进行紧张的飞行训练。一架米格-23 战斗机升空不久，驾驶员突然听到战斗机的进气道发出爆炸的声音，同时感到发动机推力降低，战斗机开始有下降感。他立即向指挥塔台报告，得到命令是立即跳伞。于是驾驶员拉下了跳伞手柄，立刻被弹出了飞机舱外。但是，令人意想不到的事情发生了，这架无人驾驶的米格-23 战斗机并没有向地面坠落，像是有人在操纵一样，不断地升高，飘飘悠悠地朝着波罗的海方向飞去，飞越波兰上空，又横跨当时的民主德国，飞入当时的联邦德国。北约部队发现了这架米格-23，立即拉响了战斗警报，美国空军驻荷兰军事基地的两架 F-15 战斗机立即起飞拦截。但是当飞近目标时，美军飞行员大吃一惊，他们看到这架战斗机没有座舱盖，座舱里没有飞行员，飞机上也没有挂载导弹等进攻性武器。他们只好紧跟在米格-23 的后面，直到它飞过荷兰，进入比利时，才一头栽在比利时首都西部 80 多千米处的一座小村庄里。就这样，这架无人驾驶的米格-23，长途飞行了 900 多千米，飞越了 5 个国家的领空，全程持续了 79 分钟，创造了飞行史上的奇迹。

俄罗斯米格-25"狐蝠"战斗机

米格-25是苏联米高扬设计局研制的高空高速截击战斗机。20世纪50年代末开始设计,原型机于1964年首次试飞,1969年开始装备部队,绰号"狐蝠"。

米格-25最初以美国的B-70超声速洲际轰炸机为主要作战对象,因而在设计上强调高空高速性能。该机曾打破多项飞行速度和飞行高度世界纪录。米格-25可在24000米高度上以马赫数为2.8的速度持续飞行,最大飞行马赫数可达3.0,是目前世界上闯过"热障"(马赫数为2.5)的仅有的两种飞机之一(另一种是美国的SR-71)。米格-25是米格系列中极特殊的一种,实际上是和米格-23同时研制的,不同的只是米格-23由于要取代米格-21作主力战机,所

米格-25战斗机

以米高扬亲自挂帅抓具体研制，而米格-25从开始设计到造原型机都由格列维奇具体负责。米格-25研制过程中要解决的主要问题是机体设计问题和电子火控系统/飞行控制系统问题，以突破"热障"。最后，选中了双发双垂尾两侧进气上单翼布局，机体材料采用钢焊接，在某些关键部位用钛铝合金，以解决当时苏联铆接材料不过关的难题。

米格-25有着无与伦比的高空性能。1971年秋第四次中东战争爆发前夕，一架米格-25R到以色列上空猛拍照片，以色列空军派当时以空军中最好的机种美国F-4"鬼怪"上去拦截。米格-25打开加力后一阵轰鸣即绝尘而去，把吃了满嘴灰的F-4远远撇在后面。以色列地面场站的人员看着仪器的记录目瞪口呆，米格-25R竟然飞到了马赫数3.2!

米格-25在西方国家眼中一直披着一层神秘的面纱，对其如此之好的高空性能百思不得其解。1976年9月6日，苏联飞行员维克托·别连科驾米格-25叛逃到日本，美国如获至宝，把这架米格-25装入一架C-5运输机，在十几架战机护航下运至东京近郊的美国空军基地。在那里它被大卸八块，日美双方细细检查了它的每一部分，才揭开了米格-25的秘密。实际上，米格-25虽然很好地达到并满足了苏联空军提出的高空高速范围里的要求，但它却始终未达到其他部分的设计要求。它的发动机耗油量巨大使得航程受限，机动性很差，截击型带导弹高速飞行时仍存在稳定性问题。米格-25可以说是集中人力、物力，研制纯单用途战机的典型例子。

俄罗斯米格-29"支点"战斗机

米格-29是苏联20世纪70年代开始研制的新一代超声速全天候、高性能、多用途、单座双发战斗机。该机由米高扬设计局设计,由高尔基等多家飞机制造厂生产,绰号"支点",主要用于夺取空中制空权,同时也可担负对地攻击任务。

1972年,苏军向米高扬设计局提出需求,要求研制一种新型轻型战斗机用于替代米格-21和米格-23。要求中明确,新型战斗机不仅能够有效担负空中格斗任务,还要能够进行护航和地面攻击。最初,米高扬设计局内部称之为"9号方案",最终命名为米格-29。

1974年,正式设计工作全面启动。1977年10月6日,首架原型机进行试飞。1978年6月,第二架原型机首飞。1981年4月28日,3号原型机(米格-29UB)首飞。1982年投入批量生产。1983年开始装备部队。但初期生产、试飞和改进工作一直延续到1985年。1986年,首批出口型号开始交付。米格-29战斗机上有两种高科技设备:一种是与机载火控系统(负责火力指挥与控制)连接的头盔瞄准装置,飞行员只需转动头部,机载激光瞄准束就能对准目标;另一种是能够在低空和低速飞行时使飞行员安全逃生的弹射座椅。

西方曾普遍认为,"轻型"的米格-29和"重型"的苏-27是一种高低搭配,类似美国的F-16和F-15,然而却是不准确的。F-16比F-15便宜得多,F-15是空优战斗机,而F-16则侧重对地攻击。米格-29和

米格-29战斗机

苏-27的情况完全不同，米格-29的生产成本达到苏-27的80%，而且两者的维护成本也很接近，因为两型飞机都采取双发动机布局。此外，米格-29和苏-27都扮演空优角色。自20世纪90年代后期开始，俄罗斯空军就多次取消了米格-29的升级预算。在俄罗斯空军于2000年之后启动的一系列现役军机升级计划中，唯独米格-29缺席。

米格-29是与苏-27平行研制的，当时规划这两种战斗机将构成一个新的战术航空系统。该系统的任务是确保空中优势并承担所有前线作战任务，包括对地攻击。原设想苏-27重型战斗机在系统中是能满足各种要求的主力机种，轻型战斗机米格-29则是作为补充的辅助性机种，但进入设计阶段后，米高扬设计局力求使米格-29承担多任务。因此，到1971年该机已成为一种"微型"前线战斗机。时至今日，波兰米格-29仍保持着相当可观的战斗力，主要原因是波兰空军对其实施了积极的升级。自2013年起，波兰空军开始对米格-29分批展开中期升级，重点是延长这些战斗机的使用寿命。升级后的波兰"支点"的使用寿命延长至40年或4000飞行小时，按计划将至少服役至2028年。自米格-29涂上红白格的波兰空军军徽以来，曾在长时期内保持着事故率为零的傲人纪录，这也是波兰人对该机型的信心所在。

日本"零"式战斗机

"零"式战斗机是日本第二次世界大战期间最著名的飞机,在太平洋战争中自始至终是日军的主力战机。该机由三菱重工设计,并由三菱重工与中岛飞行机株式会社两家企业共同生产,生产数量约11000架,其中约2/3为中岛飞行机株式会社生产。1939年3月,第一架原型机组装完毕;1939年4月1日,该机在位于岐阜县的陆军各务原机场首次试飞成功;1940年7月,开始编入日本海军服役。由于1939年是日本纪年2600年,后两个数字刚好是"00",因此被称为"零"式战斗机。它首次采用全封闭可收放起落架、电热飞行服、大口径机炮、恒速螺旋桨、杜拉铝承力构造、气泡形座舱和可抛弃的大型副油箱等设备。

"零"式是轻型战斗机,由于大胆采用含微量铬锰的超硬铝合金,其抗拉强度和耐疲劳强度好,而且机体空重仅1570千克,具有极其优异的垂直机动能力和续航力。由于尽量减轻重量的要求,"零"式省去了装甲,大量采用铝合金,导致机体极容易燃烧和解体,生存力低。"零"式战斗机的最大问题是飞机太小,当初设计时没有留下足够的升级空间,无法安装体积较大的发动机,功率提升有限,所以在后期的"零"式战斗机安装上防护装甲,换装了功率更大的发动机后,单位功率并没有提高,反而使格斗性能有所下降。随着美军战斗机格斗性能的不断进步,特别是F-6F"恶妇"战斗机出现以后,"零"式战斗机就

完全失去了威力。

1941年12月7日,日本海军偷袭美国珍珠港。日本航空母舰刚换装的81架"零"式战斗机,作为护航战斗机参加了两个攻击波的空袭,完全掌握了瓦胡岛上空的制空权,压制所有强行起飞的美军飞机,同时扫射美国空军机场,仅有7架飞机没有返航。太平洋战争初期,日本的"零"战斗机性能超过所有盟军飞机,特别是其机动性和续航力无人能比。当时美国的F-2A"水牛"、F-4F"野猫"、P-40"战斧"等飞机,面对"零"式战斗机一筹莫展。在亚洲太平洋战场,"零"式战斗机控制了制空权,为日军作战打下了良好的基础。携带炸弹的"零"式也可作为战斗轰炸机使用。

1940年,"零"式战斗机开始投入作战。1940年9月13日,13架"零"式战斗机在重庆以东空域和27架中国空军的伊-15、伊-16机群相遇。空战中,中国空军飞机共有13架被击毁、11架被击伤,而"零"式战斗机无一损失,这也是抗日战争期间中国空军损失最严重的一次。

"零"式战斗机

法国"幻影"-2000 战斗机

"幻影"-2000 是法国"幻影"战斗机中的主力机型。该机由法国达索公司研制,主要用于空中拦截和夺取制空权,也可遂行对地攻击、近距空中支援和侦察等任务。该机载弹种类多、数量大、火力强,总体作战效能与 F-16 和米格 -29 大体相当。该机共有 C(防空截击型)、B(双座教练型)、N(双座低空突防型)、D(双座攻击型)及 2000-5(单/双座出口改进型)等型号。其中,"幻影"-2000C 是最早服役的量产型飞机。该机于 1982 年 11 月 20 日首飞,1983 年交付法国空军,1984 年 2 月初步形成战斗力。"幻影"-2000N 于 1983 年首试飞,可携带核弹头和对地攻击导弹,主要执行核轰炸及对地攻击任务。"幻影"-2000D 由"幻影"-2000N 发展而来,不携带空地核导弹,作为战斗轰炸机使用,其中印度定购 18 架。"幻影"-2000-5 为多用途战斗机,可以担负空中拦截、制空、远距突防、战场遮断、对地攻击和近距空中支援、对海攻击等任务。

"幻影"战斗机可称得上是一种"名牌"战斗机。从目前国外战斗机的研制和销售来看,真正能与美国和苏联战斗机抗衡的也就数"幻影"飞机了。它不仅是法国航空兵的主力战斗机,而且已成为不少第三世界国家空军的主力机种。它的改进型繁多,形成了一个"幻影"飞机系列。国外有人用"幻影时代"来形容"幻影"系列战斗机发展的盛况。

"幻影"-2000 战斗机

由于采用了大量的高新技术,"幻影"-2000具有超群的作战能力,是名副其实的多面手。特别是"幻影"-2000-5空战机动性能不亚于F-16,中程以上的攻击能力则优于F-16,在北约对波黑和科索沃的空袭中均有上佳表现。最让人吃惊的是,它的机载RDY雷达能自动选择三种波形,不管敌方飞机在什么高度、什么方位,它都能跟踪。而且它还装有2套威胁警告装置,如果被敌人发现,可以自动报警。更为神奇的是,报警之后,机载电子对抗系统还会对敌方的来袭导弹施放干扰,使导弹自动偏离原来的方向。这样一来,"幻影"-2000-5就成为欧洲的第一种具备同时攻击4个目标能力的战斗机,也是唯一的装备了这种先进雷达而又不受美国控制的出口型战斗机。此外"幻影"-2000-5的火力十分强,它有2门30毫米航炮,共有9个外接点,可以根据任务的不同选择多种空空、空地、空舰导弹。它的"撒手锏"是"米卡"空空导弹。这种导弹是目前世界上最先进的空空导弹之一。因为这些优良的性能,它一问世就受到了法国空军的青睐,同时也成为许多国家竞相订购的对象。

法国"阵风"战斗机

"阵风"是极富创造性生命力的法国达索公司为法国空军、海军研制的新一代战斗机。其研制始于 20 世纪 80 年代，属于空军、海军共用的单座双发超声速战斗机。该机估计单价超过 6000 万美元。

实验原型机"阵风"A 于 1986 年 7 月 4 日首次试飞，"阵风"战斗机实用型外形尺寸比"阵风"A 略小，有空军型"阵风"D 和海军舰载型"阵风"M。空军型于 1991 年 2 月首飞，1996 年开始装备部队。海军型 1998 年装备部队。"阵风"战斗机将持续生产到 2010 年左右。"阵风"战斗机的支持者称，"阵风"具有成为世界顶尖战机的潜力，而且其外销情况将可与"幻影"W、"幻影"-5 和"幻影"-F1 一样成功，

"阵风"战斗机

不赞同的人则认为它只不过是个昂贵的奢侈品,一个法国养不起的"金钱无底洞"。

"阵风"战斗机翼展(含翼尖导弹)10.90米,机长15.30米,机高5.34米,机翼面积46.0平方米。机重9060千克(D型)、9800千克(M型),最大起飞重量19500~21500千克。最大平飞速度(高空)为马赫数2.0(2120千米/小时),(低空)1390千米/小时,进场速度213千米/小时。起飞距离(防空)400米、(对地攻击)600米,作战半径(低空入侵,带12颗250千克炸弹,4枚"米卡"空空导弹,共4300升的3个副油箱)达1093千米、(远程空空截击机,带8枚"米卡"空空导弹,共6600升的4个副油箱)可达1853千米。该机仍沿袭了公司内传统的无尾三角翼布局,但由下单翼改为中单翼,翼前缘有两段不同的后掠角。该机在设计中采用了翼身融合体,进气口放在前机身两侧前翼之下,有利于大迎角飞行。2台M88型涡轮风扇发动机并列安装在机尾,整个机体外表设计已超脱了原来"幻影"飞机的传统局限,达到更完美的境地。"阵风"战斗机(D、M型)参加了1999年北约对南联盟的科索沃战争。

2016年,"阵风"M战斗机从"戴高乐"号航空母舰上起飞并打击了"伊斯兰国"目标。2018年5月进行的"切萨皮克"演习中,法国海军的12架"阵风"M战斗机以及350名保障人员在美国海军"乔治·布什"号航空母舰上进行了两个星期的航空母舰资质认证和演习。

瑞典 JAS-39 "鹰狮"战斗机

JAS-39 战斗机,绰号"鹰狮",由瑞典航空航天工业集团研制,用来替换瑞典空军的萨伯 37 "雷电"战斗机,主要担负空中拦截、对地攻击、侦察等任务,有"北欧守护神"之称,属于先进的第四代战斗机。

世界上能自行研制战斗机的国家并不多,为数不多的几个国家中以色列、日本都是抄袭别人的作品。特别是第四代战斗机中除美俄外,只有法国和瑞典分别研制了"阵风"和"鹰狮"。瑞典是一个中立国家,第二次世界大战结束以后,瑞典一直坚持自主研发战斗机。1981 年 7 月,瑞典航空航天工业集团向瑞典空军提出发展新型战斗机的计划。1982 年 4 月,命名为 JAS-39 "鹰狮"战斗机。

该机共有 JAS-39A、JAS-39B、JAS-39C、JAS-39D 和 JAS-39Demo 等多种型号。1987 年 4 月 26 日,首架原型机出厂,1988 年 12 月 9 日首次试飞成功。1993 年 3 月 4 日,首架量产型"鹰狮"首次试飞。1993 年年底,第一个 JAS-39 中队初具作战能力。1995 年年底,JAS-39 研制工作全部完成。其中 A、C 型为单座,B、D 型为双座,C、D 型主要用于出口。

JAS-39 与同时代研发的战斗机相比,虽然重量最轻、尺寸最小,但总体外形简洁流畅,操控性、机动性、隐身性、载弹量等毫不逊色。JAS-39 装有瑞典生产的 PS-05/A 脉冲多普勒雷达、中央计算机、1553B 数据总线、激光惯性导航系统、雷达高度表、EPI7 座舱电子显示系统等电子设备。其中,PS-05/A 雷达具

JAS-39 战斗机

有远距离搜索、多目标跟踪、短距离广角跟踪搜索、下视下射、对海对陆搜索跟踪及地形测绘等能力,可同时跟踪多个目标,并攻击最危险的 3 个。最值得一提的是,当"鹰狮"低空飞行时,座舱里的显示器上将会出现危及飞行安全的各种障碍物,如高压线等。

  瑞典国土面积不大、纵深较小,且山地较多、植被较密,公路直线距离较短、路面较窄,标准路段只有 800 米长、9～17 米宽,为了提高飞机的作战能力和生存能力,许多公路两侧均建有飞机油库和飞机维修设施。为适应这一特点,JAS-39 的最大起降距离均控制在 800 米以内,具有良好的公路起降能力,人称"马路天使"。JAS-39 的重量约为 F-22 的 50%,造价约为 F-22 的 25%,而综合作战能力却为 F-22 的 60%,即使把后勤保障等需求计算在内,其性能价格比也十分可观。虽然 JAS-39 载弹量不大,作战半径也有些不足,但是对于领土面积与瑞典相似的国家来讲,选择 JAS-39 远比 F-16 和米格 -29 合适。

英国"鹞"式战斗机

"鹞"式战斗机是英国霍克飞机公司和布里斯托尔航空发动机公司,在英、德联合研制的 P.1127"茶隼"垂直/短距起落战斗机的基础上单独研制的世界上第一种实用型垂直/短距起落飞机,其主要任务是空中近距支援和战术侦察。从开始研制到交付使用,"鹞"的发展历时 12 年,经历了 P.1127 试验原型、"茶隼"鉴定试用型和"鹞"原型三个阶段。1957 年公司开始研制 P.1127 原型机,1960 年 10 月 P.1127 原型飞机开始试飞,1966 年 8 月"鹞"的原型机试飞,1969 年 4 月开始装备英国空军。

该机翼展 7.70 米,机长 13.89 米,机高 3.45 米,机翼面积 18.68 平方米,空重 5580 千克,最大起飞重量 11340 千克,机内燃油重量 2295 千克,最大载弹量 2270 千克。最大平飞速度(高度 300 米)1186 千米/小时,最大俯冲速度为马赫数 1.3,爬升时间

"鹞"式战斗机

（垂直起飞至 12200 米）2 分 22 秒，最大爬升率 180 米/秒，实用升限 15240 米，作战半径（载弹量 1360 千克，垂直起落）92 千米、（短距起落，滑跑 300 米）418 千米，转场航程（带 4 个副油箱）3300 千米。

在英阿马岛之战中，英军出动了数十架"鹞"和"海鹞"（"海鹞"是"鹞"的海军型）垂直/短距起降战斗机，与阿根廷空军展开了大规模空战。战斗结果显示：阿根廷军队损失的飞机中，有 31 架是被"鹞"和"海鹞"击落的，而"鹞"和"海鹞"没有一架被阿方击落、击伤。战后，英国海军的一位元帅说："战争远离英国本土，由于政治原因，英国飞机不能在南美沿海国家降落。如果没有'鹞'，英国要想打赢这场战争是很难想象的。""鹞"还参加了 1991 年的海湾战争和 1999 年的科索沃战争，都有不俗表现。使"鹞"身价倍增的是发生在 1983 年 6 月的一次偶然事故。那一天，一架英国的"海鹞"式战斗机从一艘航空母舰上起飞，进行海上训练。飞行员操纵飞机飞行了一段时间，突然"海鹞"式战斗机的无线电通信设备出了毛病，与航空母舰失去了联系，眼看"海鹞"式战斗机的燃料将要耗尽，就在这时，飞行员发现海面上有一艘西班牙货船，他急中生智，决定降落在货船上。以前，"海鹞"式战斗机从来没有在货船上降落的先例。飞行员用手势与西班牙货船上的船员进行了联系，最后成功地降落在货船的前甲板上。这一成功的降落，使"鹞"成为许多国家军方关注的对象。鉴于"鹞"独特的短距起降功能，把它改型为舰载飞机真是再合适不过了。

英国"喷火"战斗机

在伦敦大英博物馆一间专设的陈列室内,人们可以看到一架精心保存的外形很漂亮的老式活塞螺旋桨飞机,它就是赫赫有名的"喷火"战斗机。"喷火"不仅以外形优美、性能优异而著称,最让人怀念的是"喷火"凭借其在不列颠之战中极其出色的战绩,帮助英国免遭纳粹入侵,赢得了反法西斯战争的第一场重大胜利,被誉为"英国的救星"。

为英国人捧回施奈德杯的 S 系列竞速飞机也引起了皇家空军的注意,为了"喷火"的命名,设计师采切尔还与公司老板大发争执。从简洁流畅的气泡形座舱到外形雅致的半椭圆形机翼,"喷火"的气动外形设计堪称炉火纯青;习惯了"喷火"的英国飞行员大呼德国战斗机为"石头"。当然,"喷火"之所以被人们誉为是世界航空史上的一代名机,不仅因为它有一副优美的外形,更因为它的设计几乎达到了活塞飞机尽善尽美的顶峰地步。"喷火"是英国第一种获得批量生产的采用全金属承力蒙皮的军用飞机,飞机采用了先进的半椭圆形机翼和封闭式座舱,发动机架直接装在座舱前的防火壁上。除此之外,"喷火"最成功的设计还在于它采用的大功率活塞式发动机和优异的气动外形设计。即使到第二次世界大战末期,"喷火"仍是空战性能最为出色的战斗机之一;幸亏是本土作战,"喷火"续航能力弱的缺陷才没有成为获得不列颠空战胜利的绊脚石。决定大英帝国生死存亡的不列颠空战成就了"喷火"的

"喷火"战斗机

一世英名,作为第二次世界大战期间使用最为广泛的战机之一,"喷火"甚至出现在苏联红军的序列之中。

在英国人眼里,"喷火"简直就成了英国战斗机的标志。与历史上其他各种优秀战斗机相比,"喷火"不仅技术先进、性能优异、战功卓著,更重要的是还没有任何一型战斗机能像"喷火"一样,对战争进程产生如此至关重要的影响。

值得一提的是,"喷火"的前期研制工作完全是纯民间性质。"喷火"在成为空军战斗机之前,它的研制开发一无政府指令,二无官方资金支持。超级马林公司和设计师米切尔最初的目的是为了赢得"施奈德"杯而开发一种竞速飞机。这种看似"无心插柳"的工作却造就了日后的一代名机。事实上，20世纪的二三十年代正处于世界性航空热年代，其中不乏性能先进、极具军用潜力的飞机，这种广泛的民间行为也为军事航空的发展奠定了极为坚实雄厚的技术基础，"喷火"这样的优秀战机从中脱颖而出便不足为怪了。就像美国从莱特兄弟发明飞机开始，其国内民间便蕴含着极其雄厚的航空基础，这种技术潜能在战时得到激发后，各种新型战机很快接连出现，性能远远超过了第二次世界大战初期猖狂一时的日本"零"式战斗机。可以说，"喷火"成为一代名机正是基于这种广泛雄厚的民间基础上，而这也是"喷火"所具有的另一层的经典意义。

英德意"狂风"战斗机

"狂风"是英国、德国和意大利3国从20世纪60年代末期开始共同研制的双座、双发超声速变后掠翼战斗机,执行近距空中支援、遮断攻击、夺取空中优势、截击、海上攻击(陆基)和侦察等任务。由于当初的联合研制单位是帕那维亚飞机公司,故"狂风"早期代号是"帕那维亚"-2000型。原型机于1973年12月试飞,1976年夏投入批量生产,1980年7月正式服役。有3种主要型别:对地攻击型(IDS)、防空型(ADV)、电子战及侦察型(ECR)。

1980年,在英国范堡罗航展上,"狂风"的优良飞行性能首次得到充分验证。在表演机场,观众人山人海,在距起飞跑道200余米处顺跑道方向一字排开。表演空域则在跑道的另一侧,也就是说,表演航线不在观众正上方。"狂风"此次表演极富挑战性,因为它要以离地的最低高度表演飞行特技。为确保表演进行过程中公众的安全,有关方面也采取了一些保证安全的严密措施。参加此次表演飞行的是1架"狂风"对地攻击机的原型机,驾驶员由英国宇航公司沃顿分部的首席试飞员戴维·伊格尔担任,在前座;他的同伴是雷伊·伍勒特,在后座。天气不错,能见度较好,云底高完全能够满足做垂直机动动作的要求,表演将按好天气条件飞行程序进行。参加飞行表演的"狂风"已停在跑道起飞线上。在驾驶舱里,伊格尔依次将油门开到几种典型的功率状态,同

"狂风"战斗机

时扫视检查舱内有关仪表,以确认一切正常。在查看了发动机喷管指示仪,确认发动机加力工作正常后,他又对前起落架进行了转向调整,以使其与飞机中心线保持一致。一切都很顺利,他松开刹车;飞机随即在跑道上加速滑跑,从而拉开了精彩表演的序幕。当滑跑时速达到213千米/小时,飞机以15°上升角离地向上爬升。接着收起起落架以45°航向右上升转弯,然后恢复原航向上升,瞬间,只见飞机稍做改平后突然向左一个急转弯,向下直插起飞跑道正上方,并在机翼后掠66°的情况下以低高度、大速度滚转通场。随即在塔台上空左转弯拉起,打开空气刹车减速冲高,在最高点向下冲至起飞跑道正上方,高度 76 米。打开加力,以 556 千米/小时的速度做右上升转弯进入筋斗,最高高度约 150 米。在筋斗底部,即飞完 360° 时,回到起飞跑道正上方,并以机翼 66° 后掠角加速垂直拉起,接着是 180° 滚转,再以机翼后掠 35° 减速冲至最高高度顺势掉头向下,然后以机翼后掠 45° 俯冲低空通场,又以机翼后掠 25° 左上升转弯拉起至最高点,将机翼后掠角变至 66° 转入右上升转弯,并以 $3g$ 过载做小半径转弯飞完 180°,再次以机翼后掠 25° 减速,并向右盘旋下滑。放出襟翼在中间位置,放下起落架准备着陆。在近塔台上空对准跑道,将襟翼全部放出,并打开尾喷管反推保险装置。飞机在跑道起飞区接地,同时打开反推力进行全反推减速滑行,直至停机。整个表演,充分展示了"狂风"的垂直机动飞行性能。

"狂风"寿命中期升级(MLU)项目将 GR1/GR1A 升级为 GR4/GR4A 标准。2014 年 8 月,英国将"狂风"GR4 部署到塞浦路斯的皇家空军阿克罗蒂里基地,庇护伊拉克辛贾尔山地区难民免受"伊斯兰国"武装分子侵害。2018 年 4 月 14 日,阿克罗蒂里基地起飞的 4 架"狂风"战斗机使用"风暴之影"巡航导弹袭击了叙利亚军事设施,以回应前一周叙政权对杜马镇的疑似化武攻击。

"空中堡垒"轰炸机

轰炸机是指携带武器攻击地面、水面或者是水下目标的军用飞机,主要担负摧毁、破坏敌方政治、经济中心和重要工业目标的任务,携带有炸弹、空地导弹、巡航导弹、鱼雷等对地(面)攻击武器,机上装有航炮、机枪等防御武器,安装有自动驾驶仪、地形跟踪雷达、领航设备、电子干扰系统和全向警戒雷达等,参加夺取制空权、制海权的斗争,支援地面、舰艇、空降部队作战,实施航空侦察和电子干扰,以及实施核打击、核威慑任务,具有突击力强、航程远、载弹量大等特点。

按用途和任务性质，轰炸机可分为战术轰炸机和战略轰炸机两类；按起飞重量和航程，可分为轻型（近程）、中型（中程）、重型（远程）三类。轻型轰炸机为战术轰炸机，主要用于配合地面部队，对敌方前线阵地、供应线和各种活动目标进行轰炸，它的起飞重量20～30吨，航程3000千米左右；中型轰炸机既有战术的，也有战略的，其起飞重量40～90吨，航程3000～6000千米；重型轰炸机都是战略轰炸机，主要用于深入敌后，对军事基地、交通枢纽、经济和政治中心等战略目标进行轰炸，它的起飞重量100吨以上，航程6000千米以上。

美国 B-17"飞行堡垒"轰炸机

B-17,绰号"飞行堡垒",由美国波音公司研制,是第二次世界大战初期美军的主要轰炸机。

1934年6月18日,波音公司开始了初步设计。1934年8月16日,开始制造原型机,内部型号Model-299。1935年7月28日,当Model-299出现在试飞现场时,西雅图时报的记者将这个庞然大物描绘成"飞行堡垒",并将这一词见于他的报道之中。波音公司很快意识到这个绰号的价值,立即向政府申请"飞行堡垒"的商标使用权。从此,"飞行堡垒"便成为 B-17 型轰炸机响当当的绰号。

该机机组成员8人,包括正副飞行员、投弹手、领航(无线电报员)和4个炮手。机身上设有4个流

B-17 轰炸机

线型机枪炮塔，1个位于机背靠近机翼后缘的位置，1个位于机腹机翼后缘之后的位置，后机身腰部两侧各安装1个，机枪通过内部的支架可以自由转动。另外，在透明的机鼻后还有一个附加机枪支架，可以安装一挺7.62毫米或12.7毫米的机枪。内部弹舱可以容纳8枚272千克炸弹，最大载弹量2176千克。

1937年，首批13架军用试生产型YB-17S出厂。1939年4月，首批生产型B-17出厂。1937年1月至1941年11月，美国陆军共接收155架各型B-17轰炸机。之后，生产数量快速累加。在生产巅峰期间，波音公司一个月可以出厂363架B-17轰炸机，相当于每天14～16架。到1945年5月第二次世界大战结束时，波音、道格拉斯与维加（Vega）公司生产数量达12731架。

该机自出厂以后，经过了多次改良，共有YB-17、YB-17A、B-17B、B-17C、B-17D、B-17E、B-17F、B-17F-B0、B-17F-DL、B-17F-VE、B-17G、B-17G-BO、B-17G-DL、B-17G-VE等多种型号。其中，B-17F系列和B-17G系列生产数量最多，前者共生产3405架，后者共生产8680架。

该机经过多次改良后，性能不断提高，自身防御火力不断增强。到1942年底B-17G出现的时候，该机已装有2门航炮，机上的机枪数量已由7挺增至13挺。该机虽然航程较短，但载弹量较大，飞行高度较高，并且坚固可靠，常常在受重创后仍能"晃晃悠悠"地飞回机场，因此挽救了不少机组成员的生命，是一个名副其实的"飞行堡垒"。

美国 B-29 "超级堡垒"轰炸机

B-29，绰号"超级堡垒"，也称 B-29"超级空中堡垒"，是一款四发重型螺旋桨轰炸机。该机在 B-17 轰炸机基础上发展而成，由美国波音公司设计，是第二次世界大战时美国陆军航空兵在亚洲战场的主力战略轰炸机。

1940 年 6 月 27 日，美国陆军与四家公司签订重型轰炸机预研合同，赋予波音 XB-29、洛克希德 XB-30、道格拉斯 XB-31、康绍里德 XB-32 型号。由于处于竞争劣势，洛克希德公司和道格拉斯公司中途宣布退出。1940 年 8 月 24 日，美国陆军订购了 2 架 XB-29 原型机和 1 架静态测试机。为防止 XB-29 试验失败，9 月 6 日，军方又向康绍里德公司订购 2 架 XB-32 原型机。

1941 年 4 月，在 XB-29 原型机还未完工的情况下，美军又订购了 14 架 YB-29 服役测试机。1941 年 5 月 17 日，陆军决定出资 30 亿美元（当时价格）再次定购 250 架。1942 年 2 月，珍珠港事件爆发后，定购数量增加到 500 架，3 月又增加到 1000 架。

为了提高产量，在 B-29 原型机还没有开始试飞之前，美国陆军又指定另外三家工厂新建生产线，准备生产 B-29，这种冒险做法在航空史上十分罕见。1942 年 9 月 21 日，首架 XB-29 开始试飞。1943 年秋，波音公司的第一架 B-29 型轰炸机交付使用。从 1944 年开始，贝尔公司与洛克希德公司生产的 B-29 型轰炸机也开始交付使用。1944 年 6 月 5 日，该机首次

B-29 轰炸机

投入作战使用,共有 77 架 B-29 从印度起飞,对日军控制的曼谷火车调度场实施轰炸。此后,B-29 的轰炸范围与攻击距离逐渐扩大。到了战争末期,B-29 空袭日本几乎成为例行公事。1945 年 8 月 6 日和 9 日,2 架 B-29 再次光临日本上空,先后在日本广岛和长崎各投下 1 枚原子弹。

该机共有 XB-29、YB-29、B-29A、B-29B、B-29D、KB-29(空中加油机)等型号,最后一架于 1946 年 6 月交付完毕。20 世纪 60 年代,该机全部退役。B-29 首次使用了全增压乘员舱,装有雷达和中央火控系统。机上设有 6 个炮塔,每个炮塔装有 2 挺 12.7 毫米机枪,尾炮塔另加装 1 门 20 毫米机炮。机腹有前后 2 个炸弹舱,每个弹舱有独立的舱门,投弹时由一个定时器控制投放顺序,载弹量 9 吨。装有 4 台星形活塞式发动机,最大飞行速度 574 千米/小时,飞行高度 10200 米,最大作战航程 5230 千米,最大运输航程 9000 千米,当时日军的战斗机和地面上的一般高炮根本拿它没有办法。

美国 B-52 "同温层堡垒" 轰炸机

B-52，绰号"同温层堡垒"，由美国波音飞机公司研制，是世界上非常著名的一款亚声速远程战略轰炸机。该机自 20 世纪 50 年代服役以来，经过多次改进，仍然是美国空军的主力机型。1946 年 2 月 13 日，美国陆军航空兵进行招标，针对第二次世界大战实战环境下存在的航程不足、对前线机场依赖过高等问题，决定研发巡航速度更快、升限更高的战略轰炸机，用以取代 B-29、B-36。1946 年 6 月 5 日，波音公司提出的 Model-462 在竞争中获胜，并于 6 月中旬得到了军方 XB-52 的试验机型编号。经过几番周折，1951 年 1 月 9 日，美国空军参谋长霍伊特·范登堡正式批准使用 B-52 取代 B-36。

该机共有 XB-52、YB-52、B-52A、B-52B、B-52C、B-52D、B-52E、B-52F、B-52G、B-52H 等机型。其中，XB-52、YB-52 各一架。1952 年 10 月，XB-52 进行了首飞；1952 年 4 月，YB-52 试用机型首次试飞；1954 年 8 月 5 日，B-52A 完成了首飞；1955 年首批生产型开始交付；1962 年停产。该机目前的最新型号是 B-52H。B-52H 为 B-52G 型的改进型，1960 年 7 月试飞，1961 年 3 月装备部队，1962 年 10 月 26 日最后一架 B-52H 交付使用。

相较于具备超声速及可变后掠翼能力的 B-1 和开隐身战略轰炸机之先河的 B-2，B-52 可谓是年迈、陈旧、落后。但颇具戏剧效果的是，老朽的 B-52 即将经历再次升级后继续服役到 2040 年左右，科技感十

B-52 轰炸机

足的 B-1 和 B-2 却已被美国空军列入了退役名单。

进入 21 世纪，在美国的"反恐"战争中，B-52 承担了阿富汗战场上的高空近距离支援任务。B-52 在高空中盘旋，通过地面特种部队引导，使用精确制导武器对塔利班目标进行轰炸。以前，近距离攻击任务只能由战斗机或攻击机执行，而在这次战争中，B-52 占了近距离攻击任务总投放弹药的 1/3。B-52 还在 2003 年美军入侵伊拉克推翻萨达姆政权的行动中参战，向伊拉克境内的目标发射了至少 100 枚 AGM86 空射巡航导弹。

2013 年 11 月，中国宣布在东海设立防空识别区后，美国随后从关岛安德森空军基地派出 2 架 B-52 进入东海防空识别区。此外，在我国维护南海主权的过程中，美国政府在号称"维护航行自由"的幌子下，也派出了 B-52 飞越南海上空，作为涉足南海争端的马前卒。

2018 年，美军的 B-52 还参与了对叙利亚东部亲政府武装阵地的空袭。B-52 在叙利亚上空执行打击"伊斯兰国"武装任务时经常被驻扎在此的俄罗斯空军战机跟踪。虽然美俄双方都有共同的敌人，但是互相心存芥蒂。俄军出动苏 -35 战斗机进行了"护航"，并且拍摄了照片。

美国 B-2 "幽灵" 轰炸机

B-2 轰炸机

B-2，绰号"幽灵"，是诺斯罗普公司为美国空军研制的一款隐身战略轰炸机，主要依靠其隐身性能突入敌方领空，使用核弹或常规武器对敌方指挥机构、通信设施、导弹基地等战略目标实施精确打击。

冷战期间，美国空军提出要制造一种新型隐身战略轰炸机，能够避开苏联严密的对空雷达探测网，秘密突入苏联战略纵深，寻找并摧毁苏军的机动型洲际弹道、核导弹发射架和纵深内的其他重要战略目标。1979年，该项目得到美国空军的正式批准。1981年，由诺斯罗普公司和麻省理工学院科学家组成的团队提出的研制方案在公开招标中胜出。研制这种飞机是在极其秘密的情况下进行的。在加利福尼亚的一个秘密国防工业场地，12000名职工在军队24小时严密监视下进行工作。他们暂时处于与外界隔离状态，既不能与人会晤，也没有人知道他们的姓名。在很长的一段时间内，有关B-2轰炸机的情况鲜为人知。

1988年4月20日，美国空军首次展示了一幅B-2轰炸机的手绘外形彩图，其独特的外形引起了世界航空界和众多飞机爱好者的广泛关注。终于，1988年11月的一天，在洛杉矶附近的一个空军基地中，

B-2 轰炸机首次向人们揭开了神秘的面纱。在戒备森严的气氛中，机库的门打开了，一些政界要人和少数新闻记者首先看到的是荷枪实弹的军警和几十条警犬。随后，人们只被允许从正面看这种新式飞机。他们看到了一架浑身漆黑，形状怪异的飞机：它的机翼和机身完全融为一体，几乎看不到机头和机尾，它的形状像只黑蝙蝠。这就是世界上最先进的 B-2 隐身战略轰炸机。

经过多次技术修改后，1989 年 7 月 17 日，首架原型机开始试飞。1993 年 12 月 17 日，首架 B-2 隐身战略轰炸机交付美国空军。

B-2 轰炸机可细分为 block10、block20、block30 三种型号。其中，block10 型，最多能携带 16 枚 B-83 核炸弹和 16 枚 MK84 常规炸弹；block20 型，具备防区外对地攻击的能力，最多可携带 16 枚 B-61 核炸弹，或者携带 36 枚集束炸弹及 16 枚全球定位系统（GPS）辅助制导的炸弹；block30 型，最多能携带 80 枚 MK82 炸弹、36 枚 M117 炸弹、80 枚 MK62 炸弹、16 枚联合攻击炸弹，还可携带 8 枚防空区外攻击导弹。B-2 具有全球到达的超远航程。在空中不加油的情况下，作战航程可达 1.2 万千米，空中加油一次则可达 1.8 万千米。每次执行任务的空中飞行时间一般不少于 10 小时，美国空军称其具有"全球到达"和"全球摧毁"能力。B-2 也具有优秀的隐身性能。B-52 轰炸机的雷达反射截面为 1000 平方米，米格 -29 为 25 平方米，B-1B 为不足 1 平方米，而 B-2A 只有不到 0.1 平方米，仅仅相当于天空中的一只飞鸟的雷达反射截面，这就使一般雷达很难发现它。

美国 B-1B "枪骑兵" 轰炸机

B-1B，绰号"枪骑兵"，是美国 20 世纪 80 年代研制的一种过渡性的战略轰炸机，可用以低空高速突防或高空高速突防，执行常规轰炸任务及发射空地导弹。

1980 年 8 月，美国国防部长布朗透露美国正在研制"使敌雷达实际看不到的军用飞机"，1980 年底，美国空军对轰炸机的力量结构做出安排，并得到白宫和国会的认可。20 世纪 80 年代末之前，主要靠 B-52

改进型作为远程突防轰炸机和远距巡航导弹载机；80年代末到90年代中期之前，由 B-1B 接替 B-52 的任务。这种飞机虽然有一定的隐身能力，但也存在一些问题，在未来战争中还难以达到必要的隐身效果。因此美国并不准备再发展它，作为过渡型将于 21 世纪初为更先进的隐身战略轰炸机所替代。90 年代以后将由更隐身的"先进技术轰炸机"（ATB）190 接替 B-2 执行任务。

当里根总统 1981 年入主白宫时，他决心要改善

B-1B 轰炸机

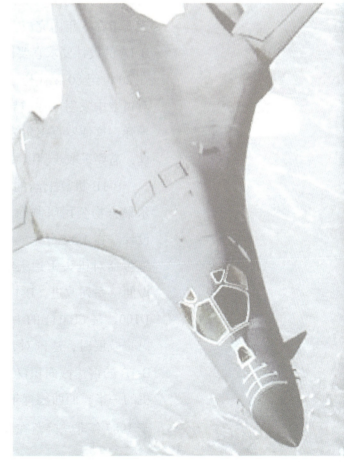

美国的国防。当时面临的最大问题之一就是，在有争议的MX洲际弹道导弹之后，存在的所谓"轰炸机空缺"。B-52设计于20世纪50年代初期，1955年开始服役，在60年代初停产。卡特总统曾下令发展隐身的先进技术轰炸机（ATB），但这仍然处于早期发展阶段，要到80年代后期才能开始飞行。

唯一可以填补空缺的飞机是B-1，但当时仅有一小批B-1A原型机。里根签署了生产200架改进的B-1B生产型的命令，给空军和罗克韦尔公司提出了使之投入生产的问题，使之在获得先进技术轰炸机之前能尽早服役，以便加强战略空军的力量。这个时间表要求在5年内完成，而不是通常所需的7～10年。B-1A的设计要求它要比B-52有小得多的雷达截面积。在20世纪80年代初，苏联发展改进了防空系统，以对付空中发射的巡航导弹（ALCM）和"战斧"巡航导弹。这使罗克韦尔公司的轰炸机更易受到攻击，因此，需要采取步骤以减缩它的雷达截面积。

B-1B机翼上新的雷达吸收涂料是由英国伍德维尔聚合物公司研制的。它取代了早期的吸收率低的设计。在1985年后，所采取的减缩雷达截面积的措施包括对机头雷达天线罩和机身侧面整流罩内部所做的一系列改进。B-1B的雷达截面积是B-52飞机的1/100，是FB-111的1/7。B-1B飞往法国参加1985年巴黎航展时，法国对其很小的雷达截面积非常吃惊。B-1B的雷达截面积仅有赛斯纳（Cessna）172轻型飞机的一半，而西德青年马赛厄斯·鲁斯特曾驾驶该机于1987年非法降落在苏联莫斯科红场上。

美国 B-47 "同温层喷气"轰炸机

B-47,绰号"同温层喷气",是美国也是世界上第一种实用的喷气战略轰炸机,是第一种大规模生产的后掠翼喷气轰炸机。在服役期间,B-47 轰炸机没有参与过实战轰炸。它是 20 世纪 50 年代美国战略空军司令部轰炸力量的主要支柱,是美国自第二次世界大战后最大的轰炸机项目。

B-47 轰炸机起源可以追溯到第二次世界大战期间的 1943 年 6 月,美国陆军航空兵一项非正式的要求,几个飞机制造商开始研究多种喷气式飞机,执行侦察或中程轰炸任务。1944 年 12 月 17 日,美国陆军航空兵对喷气轰炸机提出正式的需求。美军对这种轰炸机的要求是航程为 5631 千米,实用升限为 13725 米,最大时速为 885 千米。同时,北美公司、康维尔公

B-47 轰炸机

司、波音公司和洛克希德公司分别获得单独的合同进行第一阶段的研究，分别为 XB-45、XB-46、XB-47 和 XB-48。由于朝鲜战争的爆发而引发世界紧张局势，美国空军急需建立一支核威慑部队，因此加快了 B-47 计划的进程。B-47 于 1951 年夏开始装备，并开始大量生产。当时由于交货仓促，B-47 存在诸多问题有待改进：如飞机的顶篷不安全，初期的 B-47B 没有弹射椅，轰炸和导航系统不可靠，需要新型尾部防御系统等。B-47 在 1953 年中期部署至海外，并在 1955 年彻底取代老旧的 B-50 轰炸机。

1947 年 12 月 17 日第一架原型机首次飞行，首架原型机后来在 1949 年 2 月创造了 3 小时 46 分飞行 3680 千米，平均速度 977 千米/小时的纪录，这比当时大多数战斗机的速度还快。1948 年 9 月 3 日，首架生产型 B-47 投产，于 1957 年停产。1966 年，战略司令部的最后两架 B-47 被封存。

B-47 的主要任务是突防至敌国土内在中空对敌目标实施轰炸。尽管它的航程只有 6000 多千米，但这对美国来说并不是一个问题，因为 B-47 可以在英国、西班牙、摩洛哥、关岛和阿拉斯加的基地起降。此外，B-47 还具有加油能力，曾创下连续飞行 36 小时不着陆的纪录。因此，B-47 可以对世界上任何目标实施打击。1956 年，苏伊士运河危机中，战略司令部展示了 B-47 一接到命令就可以发动大规模攻击的能力。在 12 月约两周的时间里，约 1000 架 B-47E 在美国本土及北冰洋地区进行不着陆、模拟攻击的任务，每架飞机平均航程达 1 万多千米。

俄罗斯图-22"眼罩"轰炸机

图-22，绰号"眼罩"，是苏联图波列夫设计局研制的第一种超声速可变后掠翼轰炸机，用于取代图-16，主要装备苏联空军和海军航空兵，除担任轰炸任务外，还可以担负侦察、电子作战及攻击航空母舰战斗群等任务。

该机于1955年开始设计，1958年首次试飞，1961年在苏联航空节初次公开展出，1962年开始装备部队，利用其超声速的飞行性能突破北约的防空网和空中拦截，对欧洲的战略目标实施核打击。

该机共有图-22A、B、C、D、E、M等型号。图-22M轰炸机，绰号"逆火"（Back-fire），由图波列夫设计局于20世纪60年代中期开始研制，1969年8月30日首次试飞，1974年左右开始交付使用。图-22M共有图-22M1、M2、M3三个型别。其中，图-22M1为最初生产型，仅装备1个中队。图-22M2为第一种批量生产型，1975年开始服役。图-22M3为远程轰炸及海上型，对机载电子设备进行了更新，飞机的低空突防、轰炸、导航性能以及电子对抗能力得到较大提高。

1988—1989年，图-22M飞机在苏联入侵阿富汗战争末期首次实战使用。2008年8月初在俄罗斯与格鲁吉亚之间的南奥塞梯冲突中有一架图-22M3被格鲁吉亚防空火力击落。2015年11月，在确定A321客机坠毁事件是恐怖袭击之后，俄罗斯12架图-22M3远程轰炸机从本土出动对叙利亚拉卡省和代尔祖尔省境内"伊斯兰国"设施进行打击,摧毁了军火库、营地和可能生产化学武器的工厂等。在执行作战任务时,6 架图 -22M3 从俄罗斯境内的机场起飞,经伊拉克和伊朗领空,对作战目标实施空袭,部署在赫梅米姆空军基地的苏 -30SM 战机和苏 -35S 战机为轰炸机编队在叙利亚空域提供护航。2017 年 11 月,叙利亚政府军成功收复"伊斯兰国"最后主要据点阿布卡迈勒,图 -22M3 负责摧毁极端组织的据点和作战装备,命中全部既定目标。图 -22M3 在叙利亚的出色表现为其赢得了升级的机会,延长了服役寿命。

图 -22 轰炸机

俄罗斯图-95"熊"轰炸机

图-95,绰号"熊",由苏联图波列夫飞机设计局研制,是全世界仍在服役的大型四发涡轮螺旋桨轰炸机。该机除作为战略轰炸机之外,还可以执行电子侦察、照相侦察、海上巡逻、反潜和通信中继等任务。

1951年7月11日,研发工作正式开始,代号"项目95"。1952年11月12日,"95-1"原型机首次试飞。1955年2月,"95-2"原型机首次升空,同年夏天正式命名为图-95。1956年4月,首批生产型图-95开始交付使用。从1956年8月到1957年2月,所有生产型图-95换装NK-12M型发动机,改进后型号命名为图-95M。该机于1992年停产,共生产约300架。

该机共有图-95KM"熊"A、图-95KM"熊"B、图-95KM"熊"C、图-95RT"熊"D、图-95R/95MR"熊"E、图-142"熊"F、图-95K-22"熊"G、图-95MS"熊"H、图-95MS"熊"J等多种型号。其中,"熊"A为基本型,装有2门23毫米机炮,机内装有2枚核弹或各种常规的自由落体炸弹。"熊"B可携带1枚AS-3空地导弹,雷达设备有所增加。"熊"C与B型相似,但后机身两侧各增加1个雷达整流罩,携带的Kh-20导弹升级为Kh-20M。"熊"D为电子侦察型,机上没有进攻性武器。"熊"E为海上侦察型,机上装有8台不同型号的照相机。"熊"F是在图-95基础上设计的海军大型反潜机,苏联编号图-142,1970年开始服役。"熊"G的外形与"熊"B/C相似,每侧翼根有一个大型挂架,携带AS-4空地导弹。"熊"H以

图-95 轰炸机

图-142 为基础，于 1984 年形成了初步作战能力，可携带 AS-19 巡航导弹，其中 6 枚位于弹舱内，4 枚挂在两侧翼根的挂架上。"熊"J 为通信中继机。

2016 年 11 月，图-95MSM 型机首次参与俄罗斯在叙利亚的打击行动。飞机从俄罗斯境内起飞，飞行 1.1 万多千米，在地中海上空向叙利亚境内恐怖组织目标发射了包括 Kh-101 在内的巡航导弹。2017 年 9 月 28 日，图-95MS 战略轰炸机自俄罗斯萨拉托夫州恩格斯机场起飞，经过伊朗和伊拉克上空，接近代尔祖尔和伊德利卜两省已探明的恐怖分子重要目标，发射了 Kh-101 隐身巡航导弹。打击行动中，图-95MS 摧毁了 3 座武器弹药库以及叙利亚阿克巴特市地区的一处指挥所，目标监视系统确认所有目标均被摧毁，在成功执行完作战任务后所有俄罗斯飞机返回到基地。

俄罗斯图-160"海盗旗"轰炸机

图-160，绰号"海盗旗"，由苏联图波列夫设计局研制，是一款可变后掠翼超声速远程战略轰炸机，与美军B-1轰炸机非常类似，主要用来替换米-4和图-95，用于执行战略轰炸任务。2007年以后，该机开始担负战略巡逻任务。

针对1970年美国空军提出B-1A轰炸机的需求计划，1972年苏联空军提出也要研制一种类似的飞机，用于抗衡美国空军的战略优势。为此，苏联军方将任务分别下达给图波列夫设计局、米亚西舍夫设计局和苏霍伊设计局。经过全方位比较后，苏联空军认为米亚西舍夫设计局提出的M-18设计方案比较好，但考虑到图波列夫设计局具有大型轰炸机的设计经验和生产能力，最后决定图-160由图波列夫设计局在M-18方案的基础上进行研制，由喀山飞机制造厂负责批量生产。

1981年12月19日，第一架原型机首飞；1987年5月，图-160开始进入部队服役；1988年形成作战能力；1989年公开亮相。苏联解体后，共有19架图-160留在了乌克兰境内，2000年2月，为偿还能源债务，乌克兰归还了8架图-160给俄罗斯。

图-160轰炸机是苏联最后一代、俄罗斯最新一代的远程战略轰炸机。该机装有4台涡扇发动机；机长54.10米，全展开时（65°）翼展55.70米，后掠20°时翼展35.60米，机高13.1米；空重110吨，居世界之冠，正常起飞重量267.6吨，最大起飞重量

275吨；最大燃油量160吨；最大飞行速度为马赫数2.05，巡航速度为马赫数0.9；作战半径7300千米，最大航程12300千米；起飞滑跑距离2200米，着陆距离1600米。作为后起之秀，图-160的体积要比美国B-1轰炸机大将近35%，速度比B-1快80%，航程也比B-1多出将近45%。该机主要采取高空亚声速巡航、低空高亚声速或高空超声速突防等作战方式，高空时发射具有防区外攻击能力的巡航导弹，防空压制时可发射短距攻击导弹，低空突防时可实施核炸弹或导弹攻击。

2005年12月30日，图-160结束部队试用状态，正式进入俄罗斯空军服役。2007年8月17日俄罗斯空军远程轰炸航空兵恢复自1991年中断的巡逻飞行任务。2008年9月10日，两架图-160飞抵委内瑞拉进行训练飞行。2015年11月，俄罗斯空天军出动5架图-160和6架图-95MS战略轰炸机，向位于叙利亚的极端组织发射48枚Kh-101和35枚Kh-555常规战略巡航导弹，是俄罗斯常规战略巡航导弹的首次实战。

图-160轰炸机

英国"火神"轰炸机

"火神"是世界上第一种进入实用阶段的大型三角翼无尾中程战略轰炸机。该机由英国霍克·西德利公司(现并入英国宇航公司)研制,曾经与"勇士""胜利者"两种轰炸机一起构成英国战略轰炸机的三大支柱,通常称为"3V"轰炸机。

英国是研制中程战略轰炸机最多的国家。1947年,根据英国空军的要求,汉德利·佩奇公司、英国飞机公司和霍克·西德利公司开始为军方设计"胜利者""勇士""火神"轰炸机。"勇士"与"胜利者"的气动外形多少有些雷同,均采用后尾式布局、翼根部进气、高置平尾和小后掠角的主翼。

"火神"轰炸机虽然也选择了翼根两侧进气方式,但采用的是无尾三角翼布局。该机共有B.Mk-1和B.Mk-2两种型号。首架原型机于1952年8月30日试飞;1953年9月3日,第二架原型机首次试飞,被正式命名为"火神"轰炸机。1955年2月,首架B.Mk-1型轰炸机制造完毕;1956年7月,开始装备部队;1959年4月,最后1架"火神"B.Mk-1交付部队。该机装有空中受油管,并配有新型电子对抗设备,共生产45架。B.Mk-2在B.Mk-1的基础上进行了90多处改进,飞机的形状、尺寸做了一些修改,机头部位装有空中受油管,具备携载核弹的能力,并装有地形跟踪雷达,可执行低空突防任务。此外,还有6架B.Mk-2被改装为"火神"K.Mk-2型空中加油机。

1960年7月,B.Mk-2型开始装备部队,共生产

"火神"轰炸机

89架，1965年1月，该机型停止生产，在最后一架B.Mk-2型交付使用之前，大多数B.Mk-1型轰炸机已经退役。20世纪80年代初，英国军方认为，如果对现役的"火神"轰炸机实施延长寿命的改造，费用过高，因此决定于1981年6月至1982年6月期间退役。

英阿马岛战争爆发时，"火神"轰炸机已经退役，不过由于战争的需要，英军从3个中队抽调了最后几架"火神"轰炸机组成特遣部队。该机以阿森松岛为起降基地，经过空中加油，往返12505千米，对马岛上阿根廷守军的机场、雷达站等目标实施了空袭，创造了老旧装备在高技术战场上成功运用的范例，为英军夺取马岛作战胜利做出了贡献。马岛战争结束以后，该机于1983年全部退役。2007年10月18日，在"火神重返蓝天"组织的发起下，该机采用英军的"XH558"编号，再一次重返蓝天，进行了空中飞行表演。

英国"蚊"式轰炸机

"蚊"式轰炸机是第二次世界大战英国装备的一种双发轰炸机,是第二次世界大战中设计最成功的飞机之一。该机由英国十分著名的飞机设计师德·哈维兰设计,由其创办的德·哈维兰飞机制造有限公司建造。

1938年,德·哈维兰公司建议英国皇家空军发展一种快速轰炸机,速度达到甚至超过战斗机,由此可不携带自卫武器,但军方认为非武装的轰炸机在战场上的生存能力很低,从而拒绝了该公司的建议。不过,德·哈维兰公司并未放弃计划,自己出资继续研制。

1940年3月1日,英国空军与德·哈维兰公司签订合同,定购50架DH.98轰炸机,正式命名为"蚊"。该机共有3架原型机,1940年11月25日,轰炸型样机试飞;1941年5月15日,夜间战斗机型试飞;1941年6月10日,照相侦察型试飞。该机采用模压胶合木质结构建造,享有"木制奇迹"的绰号,这在第二次世界大战期间极为罕见,这也是德·哈维兰本人的高明之处。因为,用于制造飞机的铝材在战争期间十分匮乏,而且掌握飞机金属结构制造技术的工人十分短缺,采用木质结构以后,就可以发动更多的木匠制造飞机,甚至英国的钢琴厂、橱柜厂、家具厂都可以动员起来投入生产。

该机共有侦察机、轰炸机、战斗机、战斗轰炸机、夜间战斗机、鱼雷轰炸机、照相侦察机、猎潜

"蚊"式轰炸机

机、昼间巡逻机、布雷机、教练机等43种型号,其中有26种参加过第二次世界大战。为了避免被自己的地面防空火力和巡逻飞机误击,该机被漆成明显的明黄色。

其中,轰炸机共有B.Mk Ⅳ、B.Mk Ⅶ、B.Mk. Ⅸ、B.MkX Ⅵ、B.MkX Ⅹ、B.Mk25、B.Mk35等多个型号。1949年10月1日,该机还参加了新中国的开国大典。德国曾效法英国DH.98,生产过一款Ta-154"蚊"轰炸机。该机由福克乌尔夫公司研发,是德国所研制的第二款夜间战斗机专用机型。该机虽然也采用木质结构,不过由于黏着机身的接合剂效果不好,飞机时常在空中因解体而坠毁,最终只生产了27架。

英国"胜利者"轰炸机

"胜利者"是英国 20 世纪五六十年代开始使用的中程大型喷气战略轰炸机,也是当时英国著名的"3V"飞机("勇士""胜利者"和"火神"轰炸机的英文名字词头均为"V")之一。1947 年由汉德利·佩奇公司根据皇家空军要求投入研制,1952 年 12 月 24 日试飞,1957 年交付使用。后来,又改装出专门携带空地导弹的改进型,1962 年交付使用。至 1964 年,共生产 74 架。"胜利者"飞机改型如下:"胜利者"B-I/IA 型、"胜利者"B(PR)-I 照相侦察型、"胜利者"BK-I/IA 型、"胜利者"B-Ⅱ、"胜利者"BK-Ⅱ、"胜利者"B(PR)-Ⅱ照相侦察机。

"胜利者"是世界上第一种采用不同后掠角多段前缘"月牙形"平面高单翼的飞机。4 台"康维"-201 喷气发动机以每 2 台为一组安装在厚厚的翼根之内,进气口为扁圆形。粗大的机身前部有一个由多块曲面玻璃镶成的非突阶形五座气密驾驶舱,内有正副驾驶员、领航员、雷达手和电子设备操作员。机头下部整流罩向下突出成大肚子形状,内装雷达天线,但可卸去。

"胜利者"加油机一直服役至 1990 年海湾战争,1991 曾与多国部队并肩作战,不仅为皇家空军服务,也为盟国战机包括美国提供油料。其中 6 架由 55 中队的安迪·普赖斯下士提议,绘上了机鼻艺术,并以机长的妻子或女友的名字命名,战绩(以小油桶表示)也被标示其上,包括一次不平常的"击落"——

一架"胜利者"在滑行时撞上了一辆卡车,并将之摧毁——加油机唯一的战果。

"胜利者"机队在海湾战争证明了自己,共完成了299次任务,成功率达100%。然而"胜利者"的确老了,逐渐被VC-10取代(后者同样装备了康维发动机,于1980年开始服役)。1993年10月15日,最后一个"胜利者"机队——55中队解散。飞机除少部分入库封存外,大都难逃被肢解的厄运。从诞生到退役,"胜利者"共生产了86架,包括2架原型机,5架幸存,其中只有4架被妥善保管。退役时,55中队的7架飞机中,3架送往皇家救生训练中心后被肢解,3架封存,1架在肢解前将机头赠送给皇家空军博物馆用于展示,从此英国再无战略轰炸机。

"胜利者"轰炸机

法国"幻影"Ⅳ轰炸机

"幻影"Ⅳ是法国达索公司研制的双座超声速轰炸机,主要用于载核弹,与KC-135加油机配合执行战略核攻击任务,是法国第一代核武器运载工具。1959年6月17日,该机原型机首次试飞,但全套武器试验1963年才结束,1964年底开始在法国空军服役,法国空军共订购62架,先后装备过3个中队,成为20世纪60年代至90年代法国核威力的几大象征之一。其生产型定名为"幻影"Ⅳ A。

"幻影"Ⅳ轰炸机

该机是在"幻影"Ⅲ战斗机基础上放大气动外形而设计出来的。可作2.2倍声速（2337千米/小时）飞行，实用升限20000米，航程3700千米，作战半径1250～1600千米。该机总重14500千克，是"幻影"Ⅲ的2.45倍，正常起飞重量31600千克，最大起飞重量33500千克。尺寸是"幻影"Ⅲ的1.5倍，翼展11.85米，机长23.50米，机高5.65米，机翼面积78平方米。"幻影"Ⅳ采用无尾三角形布局，机翼为悬臂下单翼，前缘后掠60°。机身头部相当尖细，内装照相机与空中受油装置。稍后是串列双座座舱，互相隔开，分别坐有飞行员与领航员。中机身下部有2部雷达，并设炸弹舱，可挂16颗454千克炸弹或4枚AS·37"马尔特"空地导弹，也可半埋悬挂1枚5万吨TNT当量的核弹。扁平的机尾很粗大，机内并列安装2台推力各4700千克的"阿塔"9K型喷气发动机。翼下不可挂弹，但可挂副油箱2个，前三点起落架可收入机内。两侧进气口设在中段机身处，呈半圆形，并带中心可调节激波锥。当翼下挂6个火箭助推器时，可缩短起飞滑跑距离。该机的基本型是"幻影"ⅣA，后又改装出"幻影"ⅣP型。"幻影"ⅣP是由"幻影"IVA改装而来的改进型，共改装了18架，载ASMP中距空地核导弹，还加装了"阿坎纳"脉冲多普勒雷达和双余度惯性系统，1个干扰舱和1个干扰物投放吊舱装在两个外翼挂架上，可挂ASMP中距空地核导弹。"幻影"Ⅳ于1986年中期形成初始战斗能力，1996年退役后仅留几架用于侦察。

"刺杀利剑"攻击机

攻击机,也称强击机,国外又称近距空中支援飞机,是指使用战术武器专门从低空和超低空攻击地面(水面)中、小型目标的军用飞机。攻击机外形与战斗机接近,通常装备有航炮、普通炸弹、制导航空炸弹、反坦克集束炸弹和空地导弹等武器,具有良好的低空操纵性、安定性和良好的搜索地面小目标能力,一般在其要害部位装有防护装甲,主要采取低空、超低空突防的方式,突击敌战术或战役浅近纵深内的地(水)面目标,直接支援地面部队作战,被人们称为"刺向地面的利剑"。

早在第一次世界大战时英国和德国的双翼飞机就已经从低空对对方战壕里的步兵进行攻击。但还是在第二次世界大战中,才出现真正称得上攻击机的军用飞机。它们真正担负起摧毁敌方坦克、装甲车和地面部队的重大任务。这种新型的装甲单翼作战飞机能够冒着敌人猛烈的防空火力超近距离攻击敌人的地面部队。其中最为突出的当属苏联的"伊尔-2"攻击机和美国的A-20"浩劫"攻击机。

在现代战争中，攻击机主要承担战略性进攻、空中遮断、战场空中阻滞、近距离空中支援、对敌防空体系进行压制、进攻性反航空兵作战等任务。除了传统意义上的攻击机以外，现在装备精确瞄准系统和精确制导弹药的战斗机和战术战斗/轰炸机也已经承担起对地面进行攻击的任务。装备自动火炮、机枪、反坦克火箭和导弹的武装直升机，也和固定翼飞机一样，承担起地面近距离支援的攻击任务，成为现代战争中举足轻重的攻击机。

美国 A-4"天鹰"攻击机

A-4 是美国海军及海军陆战队装备的一种单座喷气式舰载攻击机（部分为双座），由美国道格拉斯公司设计，是美军 20 世纪 50～70 年代的主力战机，绰号"天鹰"。该机于 1952 年设计，1954 年 6 月第一架原型机 A-4D 首次试飞，1956 年 10 月开始服役，每个航空母舰舰载机联队装备 15～20 架。

该机共有 A-4A、A-4B、A-4C、A-4E、A-4F、A-4K、A-4L、A-4M、A-4P、A-4Q、A-4S 等多个型号，主要用于对海上和沿岸目标进行常规轰炸，执行近距支援和浅近纵深战场遮断任务。除装备美军外，该机还出口至沙特阿拉伯、以色列、阿根廷、泰国、澳大利亚、新加坡等国家。1979 年 2 月，最后一架 A-4M 出厂，总产量 2966 架。

A-4 攻击机主翼采用三角翼设计，占用空间小，无须折叠即可停放于美国海军的航空母舰上。该机总体设计精巧、造价低廉、机动性能好、载弹量大、结构可靠、维护简单、出勤率高、战场生存能力强，加挂空空导弹后还可以充当战斗机使用，但挂弹量少，载油量少，全天候作战较差，恶劣天气时着舰困难。

机上装备有 2 门航炮，新加坡的 A-4S 和以色列的 A-4N 装备的是 2 门 30 毫米航炮（备弹量 2×150 发），其他型号的为 2 门 20 毫米 MK12 航炮（备弹量 2×100 发）。该机 A、B、C 型每个机翼下各有 1 个外挂架，每个挂架最大挂载 907 千克；机身下方有 1 个外挂架，最大挂载 1636 千克。由 A-4B 改进的

A-4 攻击机

A-4S 在每个机翼下增加 1 个外侧挂架，可挂"响尾蛇"空空导弹。从 A-4E 开始，每架飞机的外挂架增加到 5 个，每个机翼下方 2 个，机身下方 1 个；机翼下方内侧挂架除挂武器外还可以加挂副油箱。部分机型带有空中受油设备。

A-4 攻击机可以外挂的武器主要包括 AIM-9"响尾蛇"空空导弹、AGM-12"小斗犬"空地导弹、AGM-45"百舌鸟"反辐射导弹、各种炸弹、LAU-

10/A 火箭弹发射器（每个装 4 枚 127 毫米火箭弹）、LAU-3/A 火箭弹发射器（每个装 19 枚 70 毫米火箭弹）、深水炸弹、空投鱼雷和战术核弹等。

该机先后参加过越南战争、第四次中东战争以及英阿马岛战争。越南战争期间，该机经常保持出动率 95% 以上，并大量使用 AGM-12"小斗犬"导弹用于攻击越南的交通枢纽、海上舰船、防空阵地、桥梁等目标，甚至有 1 架飞机在被 4 发 37 毫米高射炮弹击中后，仍然飞行 370 千米安全返回。

阿根廷是第一个购买"天鹰"的海外国家。1965 年，阿根廷与美国签署协议购买 75 架天鹰 A-4B。1966 年交付了 25 架天鹰 A-4B，1970 年交付了第二批的 25 架，最后的 25 架于 1971 年交付。1971 年，阿根廷购买了额外的 16 架双座天鹰 A-4BS，主要用于海军、空军飞行员的培训。

美国 A-6 "入侵者" 攻击机

A-6 是美国海军装备的双座、双发、亚声速、全天候重型舰载攻击机,由美国格鲁曼公司生产,原编号为 A2F,绰号"入侵者",是美国海军和海军陆战队 1963 年至 1997 年使用的全天候主力战机。

1957 年,格鲁曼公司研制的 A2F-1 样机在众多竞争者中脱颖而出;1959 年 4 月,与美军签订正式研制和初始生产合同;1960 年 4 月 19 日,首架原型机首飞成功;1963 年 7 月,开始服役;1997 年,全部退役。

该机先后有 A、B、C、E、F 和 A-6E/TRAM 等多个型号。其中,A-6A 于 1970 年 12 月停产,共生产 488 架。从 1969 年起,部分 A-6A 被改装成其他型号。其中,A-6B 共改装 19 架,加装有目标识别和截获系统,能携带标准型反雷达空地导弹;A-6C 共改装 12 架,加装 AN/AAS-28A 前视红外探测器和激光电视,夜间攻击能力有了较大提高。

A-6E 是美国海军 20 世纪 70 年代的主要机型。该型机于 1970 年 11 月 10 日首次试飞,1972 年服役,1991 年停产,共生产 205 架。其后,又将 230 架 A-6A 改装为 A-6E。1974 年,美军在 A-6E 机首下方加装 AN/ASS-33(TRAM)目标识别攻击复合感应器,改造为 A-6E/TRAM 型,飞机探测、识别和攻击目标的能力大大提高。1988 年,所有 A-6E 全部改装成 A-6E/TRAM。

A-6 攻击机采用普通全金属半硬壳结构;装 2 台

A-6 攻击机

发动机的机身腹部向内凹；采用可收放前三点式起落架，前起落架为双轮式，主起落架为单轮式，后机身腹部有着陆钩；驾驶员位于座舱左侧，轰炸领航员位于右侧，比驾驶员席稍后、稍低；座舱风挡的前上方装有可收放的空中受油管。

该机没有装备固定机炮，仅挂载副油箱，28枚Mk-81（114千克）或Mk-82"蛇眼"（227千克）航空炸弹、13枚Mk-83（454千克）航空炸弹、5枚Mk-84（908千克）航空炸弹、20枚Mk-117（340千克）航空炸弹、28枚CBU-78激光制导炸弹，以及AGM-65空地导弹、AGM-84E空地导弹、AGM-88"哈姆"反辐射导弹、ALM-9L/M空空导弹、AGM-8"鱼叉"导弹。

美国 A-7 "海盗" 攻击机

A-7 是美国海军及海军陆战队装备的一种单翼、单座、亚声速、轻型舰载攻击机，用以替换 A-4 攻击机，绰号"海盗"，由美国凌·特姆科·沃特公司研制生产，并装备美国空军，主要用于执行对地/对海攻击、近距空中支援和空中遮断等战术任务。

1964 年 2 月 11 日，在与格鲁曼公司的竞争中，凌·特姆科·沃特公司以 F-8"十字军战士"为基础设计的原型机胜出；3 月 19 日，军方与凌·特姆科·沃特公司签订制造 3 架原型机的合同；1965 年 1 月 15 日，该机完成最后设计；1965 年 9 月 27 日，首架原型机比预定日期提前 25 天首飞。

A-7 攻击机采用上单翼单座设计；进气口位于机头雷达罩下方；采用全金属半硬壳式机身；垂直尾翼根部有一根排油管，端部有天线，端部后缘切去一角；便于在航空母舰上起降；采用可收放前三点式起落架，前起落架为双轮并装有弹射钩，机身下方装有着舰钩；油箱、发动机及座舱下方装有防护装甲；座舱还装有防弹风挡玻璃，可抗 12.7 毫米枪弹。

该机共有 A、B、C、D、E、K 等多种型号。该机除装备美国海军、空军外，还出口希腊、葡萄牙等国家，至 1983 年停产时共生产各型 A-7 飞机 1569 架。

机上装有 AN/APQ-126（V）多用途雷达、AN/APN-190（V）多普勒雷达、飞行自动控制系统、航空母舰上自动降落系统、塔康导航系统、敌我识别器、武器投放控制系统等电子设备。在各种电子设备的辅助下，A-7 攻击机的投弹精度达到圆概率误差 20 米，在当时是相当高的水平。

A-7 攻击机机身左侧下方有 1 门 20 毫米 M61 "火神" 6 管机炮（A-7E 备弹 1280 发）；机身和机翼下方共有 8 个外挂架（机翼下方 6 个、机身下方 2 个），可挂载多种武器，主要有 2 枚 "响尾蛇" 导弹、2 枚 AGM-45 反辐射导弹、2 枚 AGM-62 电视导引炸弹、2 枚 AGM-65 "小牛" 导弹、2 枚 AGM-88 导弹、4 具火箭发射舱、30 枚 Mark80 炸弹以及核弹。

A-7 攻击机

美国 A-10 "雷电" Ⅱ 攻击机

A-10 是美国空军装备的一种双发、单座、亚声速空中支援攻击机,绰号"雷电"Ⅱ,由美国费尔柴尔德公司研制,是美国空军的主力近距支援攻击机,主要用于攻击坦克装甲集群、战场上的活动目标及重要火力点。

1966 年 9 月,美国空军正式展开攻击机试验计划;1967 年 3 月,美国空军向 21 家公司发出需求与征求专案计划书;1972 年 5 月 10 日,由费尔柴尔德公司设计的第一架原型机 YA-10 和诺斯罗普公司设计的原型机 A-9 进行了第一次对比性试飞;1973 年 1 月 18 日,经过 280 多次对比试飞后,美国空军宣布 YA-10 获胜;1975 年 10 月 21 日,第一架生产型 A-10 首飞,并于同年开始装备部队。该机于 1984 年 3 月停产。

A-10 主要有 A-10A(基本型)、OA-10(观察型)、A-10B(双座教练型)、A-10C(最新改进型)四种型号。该机机头呈钝圆形,机腹平坦;采用平直下单翼,翼尖下垂,尾翼为悬臂式结构,水平尾翼呈矩形,垂直安装在平尾两端;其主要特征是 2 台发动机安装于机身后上部两侧,发动机外形短粗,呈圆桶形。该机战场生存能力极强,驾驶舱及部分重要的飞控系统设备可承受穿甲弹或 23 毫米高爆弹的直接攻击;即使在失去一台发动机、一只尾翼、一个升降舵、一个主翼断掉一半的情况下,仍然可以继续飞行;机内共有 4 个自封式油箱,油箱相对独立且互不相邻,内外均覆

A-10 攻击机

盖有化学防火阻燃剂，可以防止油箱意外爆炸；两台发动机相隔较远，发动机与供油系统和机身之间设有防火墙及灭火系统。

机上装备有雷达告警接收机、导航计算机、惯性导航系统、塔康导航系统、武器控制系统、激光搜索和跟踪系统吊舱以及电子对抗吊舱等电子设备。配备有1门30毫米7管速射机炮，射速2100～4200发/分钟，备有1174发贫铀弹；共有11个挂架，最大挂载能力7250千克，可挂各种对地攻击武器。在1991年的海湾战争中，美军派去了120架A-10参战，以对付伊拉克强大的坦克部队。在这次现代化的高技术战争中，A-10攻击机大显身手，它们在发现伊军坦克后，在离地仅 10 米的高度上攻击坦克或其他装甲车辆。由于 A-10 攻击机在战场上屡建功勋，击毁了许多伊军坦克和其他装甲车辆，因此，美军送给 A-10 攻击机一个绰号——"坦克杀手"。

美国 A-20 "浩劫" 攻击机

A-20，绰号"浩劫"，是第二次世界大战期间美国用途最广泛的轻型双发亚声速平直翼轰炸机之一。A-20 攻击机由美国道格拉斯公司研制，1938 年 10 月

20日首飞，1941年1月10日服役，曾服役于几个主要的同盟国。

A-20攻击机是第二次世界大战中使用与生产较多的著名的双发多座大型攻击机，也是用途最广泛的轻型轰炸机之一。A-20来自道格拉斯公司为满足美

A-20 攻击机

国陆军航空兵于1938年发布的攻击机规格、由杰克·诺斯罗普和埃德·海涅曼所设计的一个机型。原型机道格拉斯7B的外形与同时出现的B-25、B-26轻型轰炸机很相像：都是采用悬臂梯形平直上单翼和双发布局；都属于美国最早的前三点可收放起落架军用机。

该机型最初由公司命名为7A型，原型机首飞测试后，为了使之更适合于欧洲战场，做了相当大的改动，换上了更大功率的"双黄蜂"发动机。前期试生产型DB-7于1939年初进入秘密试飞，后因失事坠毁才被法国报纸泄露出来。DB-7有透明机头，可挂弹950千克，共装3挺机枪。法国曾大量订购，1940年5月31日参加了抗击德军入侵的战斗。

1940年6月法国投降后，有162架转售给英国，更名为"波士顿"Ⅰ和"波士顿"Ⅱ（发动机稍有区别）。它们又成为皇家空军最早的前三点起落架飞机，其中147架"波士顿"Ⅱ被涂成黑色，用于夜间攻击，更名为"浩劫"Ⅰ。专门在夜间奇袭敌后目标，少数几架还装有截击雷达用于夜间空战。不久，英国又购入100架，称为"浩劫"Ⅱ，发动机稍有区别。

DB-7A的垂尾扩大了面积，机头透明。经局部小改，终于以A-20的制式型号名义于1940年12月交付美国陆军使用，机头稍稍放粗，改装R-2600-3发动机，油箱扩大，可在机腹内挂炸弹1180千克，全机7.7毫米机枪增至7挺（内有2挺为可转动状态）。

美国 AV-8"海鹞"攻击机

AV-8 是美国海军陆战队装备的垂直/短距起降攻击机，也是目前世界上最先进的亚声速垂直/短距起降攻击机，起飞距离仅为 F-16 的 1/3，绰号"海鹞"，由英国霍克薛利公司设计，美国麦克唐纳·道格拉斯公司制造，主要用于近距离空中支援。

该机共有 AV-8A、AV-8B、AV-8B+ 等型号。其中，AV-8A 为美国海军陆战队购买的英国"鹞"式 Mk50 垂直/短距起降飞机，第一架于 1971 年交付美国海军陆战队，1977 年全部交付完毕，购买数量 102 架；此后，美军又购买了 8 架用于训练。

AV-8A 服役后，海军陆战队发觉该机挂载能力和航程不足，决定对其进行改造。1983 年，由美国麦克唐纳·道格拉斯公司和英国宇航公司联合研制的 AV-8B 开始服役。经过改进后的发动机推力增加 13.3 千牛，寿命也大大延长，航程增加 30 分钟，续航时间达 3 小时；座舱盖改为视野更加良好的水滴形；电子设备得到更新；7 个外挂架可挂"响尾蛇"近距空空导弹、"小牛"反坦克导弹、普通炸弹、火箭弹等；作战性能得到明显增强。

1996 年，在 AV-8B 基础上改进的 AV-8B+ 开始服役。目前在役的型号为 AV-8B 和 AV-8B+，后者的主要不同之处是换装了由 F/A-18 退换下来的 AN/APG65 型攻击雷达。

AV-8B 的主要特点是起降距离短，便于机动、灵活、分散配置、不依赖永久性基地，但垂直起降时航

AV-8 攻击机

程短、载弹量小、操纵比较复杂、事故率较高，作战时亚声速飞行、低空攻击、易被击落，战损率较高。AV-8B 采取了以下改进措施：首先，采用复合材料生产机身、机翼和其他许多部件。据统计，整架飞机有 27% 左右的结构采用了石墨/环氧树脂复合材料，这样一改，AV-8B 就成为世界上第一种大量使用复合材料的作战飞机。其次，增大了机翼面积，能更有效地进行短距起降，能在翼内多带 50% 的燃油。活动半径随之也增大了许多。另外，它的起落架之间的距离也缩小了，便于在航空母舰上起飞。AV-8B 的武器系统也有了改进，加装了先进的空空导弹和空地导弹，加强了空战和对地攻击能力。再次，提高了飞行员的座椅位置。装上了新型的气泡式座舱，为飞行员提供了良好的视野条件。在海湾战争中，共有 150 架 AV-8B 参战，完成了 3380 次近距空中支援作战任务，自己仅损失 5 架，战绩不凡。

美国 AC-130 "炮艇" 攻击机

在美国空军中服役的 AC-130 "炮艇" 攻击机，有两种型号：一种是 AC-130H 型，另一种是 AC-130U 型。"炮艇" 攻击机的首要任务是近距离空中支援、空中遮断和武装侦察。其他任务包括周边和点防御、护送、登陆、投放和运输物资、前方空中控制、有限的指挥和管理，以及战斗搜索和救援。装有重型武器的 AC-130 "炮艇" 攻击机配备与先进的传感、导航和控制系统构成一体的侧向射击武器系统，能在夜间和恶劣的天气条件下，在延伸作战的时间和区域内，进行外科手术式或面积饱和攻击。

AC-130 是在 C-130 美国空军运输机的基础上改造而成的。1995 年 9 月 10 日，美国空军隆重纪念第一架 C-130 飞机退役。这架尾号为 53-3129 的飞机 1953 年在洛克希德公司开始生产，而后洛克希德公司以它为原型机，设计和生产了一大批 C-130 "大力神" 运输机。

越南战争时期，AC-130 "炮艇" 击毁 10000 多辆卡车为救援美军士兵的生命，无数次地进行近距离空中支援。在 1983 年入侵格林纳达的军事行动中，AC-130 负责压制对方防空体系，对地面部队进行攻击，为友军空降部队攻占重要的机场扫清了障碍。

1989 年在入侵巴拿马的战争中，C-130 "炮艇" 在城区进行外科手术式空中打击，摧毁巴拿马军队的空防指挥中心、指挥部和军事设施。作为这次军事行动中唯一的近距离空中支援作战飞机，它为减少地面部队的伤亡立下了汗马功劳。

在海湾战争中，AC-130担负起保卫空军基地和对地面部队进行近距离空中支援的任务。在索马里战争中，AC-130也负责对地面部队进行近距离空中支援。在北大西洋公约组织轰炸南斯拉夫的军事行动中，AC-130"炮艇"也扮演了重要的角色，对南斯拉夫萨拉热窝的重要目标实施空中遮断。

AC-130攻击机

俄罗斯伊尔-2"吠叫"攻击机

伊尔-2是苏联第二次世界大战期间生产的一种对地攻击机,绰号"吠叫"。该机由苏联中央设计局研制,别称"斯图莫维克",被公认为第二次世界大战期间最好的对地攻击机。

1938年,苏联提出发展重型装甲攻击机的设计理念。1939年10月2日,按照这一理念设计的TsKB-55样机进行了首飞。该机共装有7.62毫米机枪5挺,其中机翼上装有4挺,座舱后部装有1挺;机翼内部设有弹仓,可携带100千克炸弹4枚,也可换成在机翼下吊挂2枚250千克炸弹。

最初,TsKB-55设计为双座低空攻击机,重4.7吨,装备1台米库林AM-35型活塞式发动机(992千瓦),军方称其为BsH-2型,并要求以BsH-2的编号继续生产10架,将机翼下方2挺机枪换装2门23毫米PTB机炮,供部队试用。

1940年春,TsKB-55完成飞行试验,但由于发动机动力明显不足,其速度、航程和装甲防护等各项指标均不令人满意。于是,在军方的干预下,该机改为单座机,并换装功率更大的AM-38发动机(1176千瓦),取消了后部的通用机枪舱,飞行员背部防护装甲厚度从7毫米增加到12.7毫米,机翼上的4挺机枪中有2挺换装为20毫米航炮,机翼上挂载既可对空又可对地发射的8枚火箭,还可挂载400千克的炸弹。

1941年3月,该机开始批量生产,4月命名

伊尔-2 攻击机

为伊尔-2。该机先后共有伊尔-2、伊尔-2M、伊尔-2Type3、伊尔-2Type3M 等型号。

该机采用单活塞式三叶螺旋桨驱动；呈下单翼硬壳式布局；采用后三点式收放式起落架；由于采用单座设计，该机在实战中效果并不理想，机上仅有的一名飞行员难以胜任飞行和攻击的双重任务，后期型号为纵列双座封闭式座舱，并在后部加装有 1 挺机枪，其中伊尔-2Type3M 装有 2 门 37 毫米航炮。

1941 年 7 月 1 日，伊尔-2 在白俄罗斯贝尔齐纳河和博布鲁伊斯克地域首次投入作战。该型机机身涂有迷彩颜色，常常采用 4 机编队，在 800 米高度巡逻飞行，一旦发现地面目标，立即解散，使用火箭、航炮或机枪，轮番对敌方坦克装甲车等目标实施俯冲攻击，同时，低空俯冲时的刺耳呼啸声还给德军造成了极大的心理震撼。为此，苏军将伊尔-2 誉为"飞行坦克"，德军士兵则称其为"黑色死神"。

俄罗斯苏-25"蛙足"攻击机

苏-25是俄罗斯空军装备的一种亚声速近距离空中支援攻击机,由苏联苏霍伊设计局研制,绰号"蛙足"。该机结构简单,防护装甲坚固,操作维护方便,战场生存性佳,战场适应能力强,可在恶劣环境下低空近距支援陆军作战,作战性能与美国A-10相当。

该机于1968年开始研制,1975年2月首飞,经过改进后于1981年正式投入批量生产,1984年装备苏联空军,总产量600多架,1992年交付完毕。该机先后参加了苏联入侵阿富汗战争、两伊战争、海湾战争、车臣战争、南奥塞梯战争等,其中在阿富汗战争中损失23架,海湾战争中有部分伊拉克飞行员驾机逃到了伊朗。1982年该机被派往阿富汗,以验证与米-24武装直升机协同执行低空近距支援作战的能力。1984年,苏-25形成全面作战能力,至今约有300多架在服役。苏-25可在靠近前线的简易机场上起飞,载有各种炸弹攻击坦克、装甲车等活动目标和重要火力点。

该机共有苏-25(单座)、苏-25T(反坦克型)、苏-25TK(反坦克出口型)、苏-25TM、苏-25UB(双座教练机)、苏-25UBK(苏-25UB的出口型)、苏-25UTG/UBP(库兹涅佐夫号航空母舰的舰载教练机)等型号,除装备俄罗斯空军外,乌克兰、白俄罗斯、伊拉克、伊朗、朝鲜等国也装备有该型飞机。

苏-25作战半径560～1050千米,作战高度30～5000米,在载弹的情况下,可与米-24武装直升机协

苏-25 攻击机

同配合，支援地面部队作战，具有良好的低空机动性能；座舱底部及周围装有 24 毫米厚的钛合金防弹板，防护力较强；可在靠近前线的简易机场上起降，对机场要求不高；机翼下方可挂载"旋风"反坦克导弹，射程 10 千米，破甲厚度 1000 毫米。

苏-25 安装有雷达告警系统、敌我识别器、箔条/干扰条投放装置、激光测距仪和目标指示器、对地攻击效果录像设备等；机身左侧装备 1 门 30 毫米双管机炮；机翼下方共有 8 个外挂架（苏-25TM 有 10 个），挂载能力 4400 千克，可挂载航炮吊舱、燃烧弹、化学集束炸弹、制导火箭、激光制导反坦克导弹、激光与电视制导导弹、近程和中距空空导弹等。

法国"超军旗"攻击机

"超军旗"是法国海军装备的舰载攻击机,由法国达索飞机公司研制。该机源于法国"军旗"Ⅳ-M攻击机,用以取代"美洲豹"M型舰载攻击机,主要担负远程对海攻击、对地近距空中支援、舰队防空、照相侦察等任务。

20世纪60年代末,该机设计工作开始启动;1974年10月28日,第一架原型机首飞;1975年3月28日,第二架首飞;1975年3月9日,第三架首飞;1977年11月,第一架生产型飞机首飞;1978年6月,首批60架交付使用;1979年1月,该机开始在"克莱蒙梭"航空母舰上服役;后来,陆续装备在"福煦"号航空母舰和"戴高乐"号核动力航空母舰上。该机采用45°后掠角中单翼设计,翼尖可以折起,机身呈蜂腰状,后掠式平尾置于立尾中部;装有一台涡轮喷气发动机,高空最大飞行速度1380千米/小时,低空最大飞行速度1204千米/小时。机头上安装有一部"龙舌兰"单脉波雷达,对空搜索有效距离28千米,对海搜索距离110千米,可在40～55千米距离上发现巡逻艇大小的水面船只;配有ETNA惯性导航/攻击系统。该机是法国第一种配有惯性导航系统的飞机,在没有陆上固定参照物的情况下,每小时飞行误差不超过2200米。

机上装有2门30毫米机炮(备弹2×125发);共有5个挂架,机身下方1个,机翼下方4个,挂载能力2100千克,可挂2枚"飞鱼"反舰导弹或"魔术"空空导弹,以及炸弹、火箭弹等武器。执行攻击

"超军旗"攻击机

任务时，典型配置为：6 枚 250 千克炸弹（机腹挂架挂载 2 枚）或 4 枚 400 千克炸弹（翼下挂架挂载）或 4 具 LRI-50 火箭发射器（每具可容纳 18 枚 68 毫米火箭）。另外，机身下挂架还可携带空中加油设施或 1 枚 1.5 万吨当量的 AN52 战术核弹。

法国原计划建造 125 架"超军旗"攻击机，但因财政困难，采购数量减至 71 架。1981 年，阿根廷向法国订购 14 架"超军旗"，但在英阿马岛战争爆发前，实际交付了 5 架。在 1984 年发生于英阿之间的马岛战争中，"超军旗"飞机一战成名，有不凡的表现。当时阿根廷海军的"超军旗"表现出色，发射"飞鱼"导弹击沉英国"谢菲尔德"号新型导弹驱逐舰，击伤"大西洋运送者"号大型运输舰，而且"超军旗"攻击机完好无损。1985 年法国达索公司即宣布重开"超军旗"的生产线，法国海军也对现役"超军旗"做了现代化改造。

德国容克 -87"斯图卡"俯冲攻击机

容克 -87 是第二次世界大战期间德国空军使用的一种攻击机,由德国容克公司研制和生产,通称为"斯图卡"俯冲攻击机。

希特勒上台后,德国便突破《凡尔赛条约》的限制,开始大力发展空军。1933 年,容克 -87 攻击机的设计工作拉开序幕。1934 年年底,在瑞典建造的第一架原型机被秘密运回德国;1935 年 9 月 17 日,该机进行了首次试飞;1935 年 10 月,完成研制。该机采用单发、双座设计,配有一台水冷式 V 形直列发动机,采用双弯曲的鸥翼形机翼,安装有固定式起落架,机身材料主要为杜拉铝和合金。该机具有大角度俯冲攻击能力、投弹精准、操作简单等特点,深受德国飞行员和空军部的青睐。在 1936 年的西班牙内战中,该机得到了实战检验,对西班牙政府造成了沉重的打击。

该机共有 Ju87A、Ju87B-1、Ju87B-2、Ju87D、Ju87G1、Ju87R 等多个型号,装备纳粹德国、意大利、匈牙利、罗马尼亚、保加利亚、斯洛伐克、克罗地亚等多个国家,总产量 5752 架。

该机机身长 10.8～11.1 米,翼展 13.8 米,机身高 3.88 米(Ju87B-1、Ju87B-2、Ju87R 高 4.01 米);装备有 7.62 毫米前置机枪 2 挺(Ju87A 为 1 挺,Ju87G1 还装有 2 门 37 毫米航炮),后机枪 1 挺;飞机空重 2273～3900 千克,起飞重量 3324～6600 千克;发动机功率 530～1029 千瓦,最大飞行速度 310～

容克-87 攻击机

410 千米/小时；携带炸弹 250～1800 千克。

　　第二次世界大战爆发后，该机大量投入到波兰、法国、英国、北非、苏联等战场上。在北非战场上，容克-87 俯冲轰炸联队历时两年用于支援隆美尔战斗，并负责攻击盟军的海上运输线；在斯大林格勒战役期间，容克-87 平均每天出动 500 架次，造成了苏军大量的伤亡与损失。

英国"海盗"攻击机

"海盗"(NA.39)是由英国的布莱克本公司研制于20世纪50年代后期的双发双座亚声速低空攻击机。原型机1958年4月试飞,1959年获订单,1962年7月开始在皇家海军航空母舰上服役。

"海盗"攻击机的使用与设计目标是:能借助于较完善的地形跟踪雷达及相应设备,以低空高亚声速突防,对敌纵深目标投掷大量轰炸载荷或携带侦察器材实施侦察。"海盗"飞机有一个很具个性的外形,从侧面看上去,两头略粗中间略细的机身两外侧,安装2台罗尔斯·罗伊斯公司的RB-168A"斯贝"-101

"海盗"攻击机

型涡轮风扇喷气发动机，进气口呈竖椭圆形。在尾喷口之后的机身尾锥，是一个蛤壳状开闭的减速板，上方是"T"形尾翼。其垂直尾翼前方有一根背脊与气泡双座座舱盖连成一线。机头是雷达罩锥体和一个空中加油杆。机身内部有一个旋转式弹舱，可携带4枚454千克炸弹，两侧的后掠梯形中单翼下面另有4个挂架，可挂炸弹、火箭、导弹或副油箱。

在1991年的海湾战争中，英国有一批"海盗"攻击飞机前往助战（也是该机首次实际作战），它们挂着激光照射器、激光炸弹和AIM-9L"响尾蛇"空空导弹在低空飞行，为中空投弹的"狂风"战斗机对目标连续照射激光束，进行炸弹精密诱导，然后又将自己携带的激光引导炸弹投往目标。前后共出击218架次，投入48颗激光炸弹，并为自身和"狂风"飞机做169次激光诱导，共炸毁24座桥梁、15个机场，从而有力证实了"海盗"飞机在低空高速作战领域的有效性。

英法"美洲虎"攻击机

美洲虎,也称"美洲豹",是一种由英国、法国联合开发的双发多用途攻击机。1964年4月,英法两国达成协议,由英国飞机公司和法国达索公司共同研发一款攻击/教练机,用以替代过时的"暴风""神秘""蚊"和"猎人"飞机。其中,英国负责翼面、机身后段、进气道,法国负责机身前段、起落架等,发动机则根据各自需求自行制造。

该机主要担负近距离空中支援、战场空中遮断、战术侦察以及教练飞行等任务。其中,英国空军主要用于攻击敌方舰艇、袭击敌空军基地、轰炸敌地面目标等近距离支援任务,法国则主要用于压制敌方雷达和防空兵器,并执行为核轰炸机开路的任务。

该机共分为单座攻击型和双座教练型,主要型号有A、B、E、M、S和"国际型"6种。其中,A型为法国单座攻击机;B型为英国双座高级教练机;E型为法国双座高级教练机;S型为英国单座战术攻击机,英国于1983年加装FIN1064惯性导航系统后,改名为"美洲虎";M型为法国舰载攻击机,生产数量有限,未大规模投产;"国际型"为出口型。

1968年9月,首架A型原型机在法国试飞成功;1971年8月,B型机试飞成功,同年首架量产型也试飞成功;1973年6月,交付英国空军;1975年5月,交付法国空军。

"美洲虎"A、S型装有2门30毫米机炮;共有

"美洲虎"攻击机

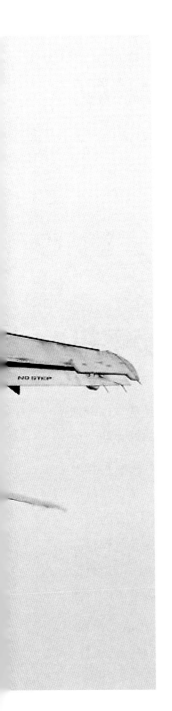

5个外挂架，左右机翼下方各2个，机身下方中央1个，最大挂载能力4535千克。典型的配备为：1枚"马特尔"AS-37反辐射导弹和2个1200升油箱；8枚454千克炸弹；BL755和CBU-87集束炸弹；"魔术"空空导弹；空地火箭发射器；侦察吊舱。此外，法国空军A型还能携带AN52战术核弹。双座型（B、E型）与单座型武器基本相同，必要时也可以执行作战任务。

1978年，印度政府正式决定引进国际型"美洲虎"。该机配备有2门30毫米"阿登"航炮（备弹2×150发）；7个外挂点（挂载4763千克），主要包括"魔术"或"响尾蛇"空空导弹、"飞鱼"或"海鹰"反舰导弹、激光制导炸弹、普通炸弹、集束炸弹、反机场炸弹、火箭发射器、凝固汽油弹、"杜兰德"突防炸弹。

"美洲虎"是世界上最早配备激光测距仪的飞机之一，一度曾引起世界航空界的普遍关注。1991年海湾战争，英、法等国都派出了"美洲虎"攻击机参战。战争中因主要攻击伊军的地面部队，因而留下了"屠夫"的恶名。它与其他飞机一起，每天飞临科威特上空，一看到伊军部队，就杀心顿起，狂叫着向下俯冲，专找人群多的地方丢下一连串的集束炸弹，捎带对伊境内的航空基地、雷达网、作战指挥系统、化学和生物武器库、核设施扔几颗炸弹。但令人吃惊的是，每天尽管平均出动7架，整个战争却无一被击落。

"碧空鹰眼"侦察机

侦察机是一种专业军用飞机，使命是从空中获取情报，一般不携带武器，通常装备有航空照相机、电视、红外、激光等侦察设备，有的还装有实时情报处理设备和传递装置用来获取和传递情报，是现代战争中的一种主要侦察工具。按遂行任务性质，分为战略侦察机和战术侦察机。战略侦察机一般具有航程远和高空、高速飞行性能，用以获取战略情报，可用轰炸机、运输机改装，也可专门设计制造；战术侦察机通常具有低空、高速飞行性能，用以获取战役战术情报，通常用战斗机改装而成。侦察机具有飞得高、速度快、侦察手段多样、防护能力差等特点。

1911年意土战争期间，意大利飞行队使用布莱里奥式飞机对土耳其军队进行了昼间目视空中侦察。2月23日,皮亚扎上尉利用固定在飞机座椅上的照相机进行空中照相侦察。这种照相机在一次侦察中只能曝光一次,拍摄一张照片,但这毕竟是照相侦察的开始。另外,意军还进行了夜间空中侦察。一直到第一次世界大战初期,侦察始终是飞机的主要职能。可以说,侦察机是军用飞机最早的专业机种。

侦察机没有预警机上装备的预警搜索雷达,因此造价较低,结构比较简单;它没有指挥和雷达信息处理单元,因此机体空间的要求也不高。由于国际法是不保护间谍的,一旦侦察机被击落了,飞行员会直接被敌对国处以刑罚,所以世界各国对侦察机的使用和研发都比较谨慎。

美国 U-2 "黑寡妇" 侦察机

U-2 是 20 世纪 50 年代中期美国空军装备的一种单座单发高空侦察机，绰号"蛟龙夫人"和"黑寡妇"。该机由美国洛克希德公司研制，是冷战时期美国空军和美国中央情报局侦察对方战略目标的秘密武器，如今仍可作为战术侦察机使用。

冷战时期，为了摸清以苏联为首的社会主义阵营的情况，美国决定研制一款高空侦察机，具体工作由中情局负责，美国空军提供尽可能的帮助。为了保密，美国官方没有采用传统的命名方法，如 F 代表战斗机、B 代表轰炸机、R 代表侦察机，而选用了 U（utility，多用途）这个代号，将代号 CL-282 的设计蓝图命名为 U-2。

1955 年 8 月 4 日，第一架原型机试验首飞；1956 年 5 月，首批 4 架 U-2 侦察机开始服役；1956 年 7 月 2 日，开始执行侦察任务；1956 年 7 月 4 日（美国独立日），U-2 飞越苏联领空，7 月 5 日对莫斯科进行侦察；1958 年 3 月，开始对中国进行侦察；1960 年 5 月 1 日，首次在苏联被击落，由此 U-2 飞机公布于世；1962 年 9 月 9 日，U-2 首次在中国被击落。

U-2 侦察机有多种型号。其中，A 为最初量产型；B、C 为改进型，发动机推力得到提升；U-2E/F 加装有受油设备，留空时间长达 14 小时；U-2D 为双座侦察机，第二名飞行员负责照相舱的工作；U-2G 为舰载侦察机，可在航空母舰上起降；U-2R 换装有新型发动机，空中不加油情况下可飞行 15 小时，可以分辨 10 厘米

U-2侦察机

大小的物体;ER-2 为 U-2 的改装型,作为美国国家航空航天局(NASA)研究机用于大气的测量。U-2S 加装有移动目标显示器。

为避免反射阳光,U-2 外表涂成黑色。该机机身十分细长,机翼具有滑翔机特征,对侧风非常敏感,失速速度与最高速度只相差 9 千米 / 小时,被认为是最难操纵的军用飞机,飞行员的总数不超过 850 名。与其他飞机的典型三点式起落架不同,该机起落架只有 2 个,为了保持滑行时的平衡,翼下装有一对可抛弃式辅助轮,飞机起飞后由地勤人员回收再用;飞机降落时,一侧机翼首先着地,地勤人员再将辅助轮装上,尔后飞机自行滑走。作为照相侦察机,U-2 装备有 8 台照相侦察用的全自动照相机,可全天候工作;4 部电子侦察用的雷达信号接收机、无线电通信侦收机、辐射源方位测向机和电磁辐射源磁带记录机,所用的胶卷 3.5 千米长,拍摄范围为宽 200 千米、长 5000 千米,可冲印照片 4000 张。

美国 SR-71 "黑鸟" 侦察机

SR-71 是美国 20 世纪 60 年代生产的双座双发高空高速战略侦察机,绰号"黑鸟",由美国洛克希德公司研制。SR-71 侦察机是以 A-12 侦察机为原型设计的,是美国"黑鸟"家族的第三代（A-12 侦察机及其派生型为第一代,YF-12A 试验战斗机为第二代）,也是"黑鸟"家族中生产架数最多的一种型号。

该机于 1963 年 2 月开始研制,1964 年 12 月 22 日首飞,1966 年 1 月装备空军第 4200 战略侦察联队（后改番号为第 9 战略侦察联队）,1990 年曾经退役,1995 年重新服役,1998 年永久退役。

SR-71 侦察机

SR-71是第一种采取隐身设计的飞机,机体主要由钛合金制成,占机体总重的93%,外表涂成暗蓝色(趋近黑色),以降低热辐射及增加高空的伪装效果。座舱呈纵列式,机上共有飞行员和系统操作手2人,由于SR-71的飞行高度和速度均超出人体可承受的范围,两名乘员必须穿着全密封的飞行服。该机气动外形为三角翼、双垂尾,装有2台涡轮喷气发动机,发动机布置在机翼上。

SR-71可谓世界上最快的飞机。1974年9月1日,SR-71从纽约飞到伦敦仅用了1小时54分56.4秒,而超声速协和式客机需要3小时20分,亚声速波音747客机则需要7小时。1976年7月28日,SR-71创下了飞行速度3529.56千米/小时和飞行高度25929米的两项纪录。1998年,当SR-71退役时,一架SR-71以平均3418千米/小时的速度从美国空军第42号工厂飞到国家航太博物馆进行陈列展览。

SR-71装备有卫星导航装置、激光测距装置、电子对抗装置、合成孔径雷达、高分辨率照相机、红外和电子探测器等机载设备,1小时内可完成对面积324000平方千米地区的光学摄影侦察任务。

冷战时期,SR-71经常飞行的路线包括:美军冲绳嘉手纳基地—朝鲜;土耳其—苏联高加索地区;菲律宾—中国兰州。该机共生产32架,由于比大多数战斗机和防空导弹都要飞得高、飞得快,因此出入别的国家领空如入无人之境,在实战记录中,没有一架被击落。

美国 P-2V "海王星"侦察机

P-2V,绰号"海王星",是 20 世纪五六十年代世界海军使用最多的陆基型海上巡逻机,也是西方第一种专为海上巡逻设计的陆基型飞机。该机由美国洛克希德公司研制,后来改装成电子侦察机,主要担负海上巡逻、侦察和反潜等作战任务。

P-2 原型机的设计工作始于 1941 年,20 世纪 40 年代称为 P-2V。但是,因为当时洛克希德公司忙于生产 PV-2"鱼叉"海上巡逻机,所以 P-2V 的试制工作被推迟至 1944 年春,1945 年 5 月第二次世界大战接近尾声时,1 号原型机 XP-2V-1 才进行试飞。

该机共有 P-2V-1 ～ 5、P-2E、P-2F、P-2G、P-2H、LP-2J、P-2J 等多种型号。其中,P-2V-1 和 P-2V-2 型是纯粹的海上巡逻和攻击机,P-2V-1 为第一批生产型,装有 6 挺 12.7 毫米机枪,机腹弹舱中可挂 2 枚 950 千克鱼雷或 12 颗深水炸弹;P-2V-2 装有 6 门 20 毫米机炮,机身上方与尾部各装 1 挺双联装 12.7 毫米机枪。

P-2V-3 加装有反潜武器,并有 11 架改装为 P-2V-3C 舰载试验机,后期的 P-2V-3 在机身下装有搜索雷达,称为 P-2V-3W 雷达巡逻预警机;P-2V-4 也称 P-2D,装有 APS-20 雷达,并加装电波源探测仪用来搜寻目标;P-2E 是全面改进设计的标准反潜机,产量 424 架,翼下加装 2 台喷气发动机;P-2F 为反潜兼布雷机;P-2J 装备日本海上自卫队,装有 APS-80 雷达,性能与 P-3B 反潜机不相上下。

该机装备有当时世界上最先进的多种电子侦察装置，乘员多达 15 人，续航时间长达 15 小时，可利用对方雷达盲区，实施夜间低空飞行。由于装备两种发动机，当遭到喷气式飞机拦截时，可改用螺旋桨动力，在 300 米以下的高度飞行，有时甚至低至几十米，喷气式战斗机拿它没办法；当遭到螺旋桨飞机拦截时，P-2V 的全景搜索雷达可在 400～900 米的高度，清楚地判断 10 千米以内的地形，帮助它沿着山谷飞行，一般的螺旋桨飞机同样拿它没办法。

P-2V 侦察机

美国 EP-3 "白羊座" 侦察机

EP-3 是美国海军唯一一种陆基信号情报侦察机，绰号"白羊座"。该机在 P-3 基础上改进而成，由洛克希德公司制造，用来取代 EC-121"星座"电子侦察机，担负监听其他国家的广播、无线电台、电报、对讲机、手机等电子信号任务。

该机共有 EP-3A、EP-3B、EP-3E、EP-3E Ⅱ 等型号，其中，EP-3A 为首批 P-3A 的改进型，共有 10 架，最初交付美国海军航空试验中心进行试验；EP-3B 在 P-3A 基础上改进而成，共有两架；20 世纪 70 年代初，美军将 12 架 EP-3A、EP-3B 全部升级为 EP-3E；20 世纪 80 年代中期，将 12 架 P-3C 改装为 EP-3E Ⅱ 型电子侦察机，用来取代早期改装的 EP-3E。

1969 年，两架 EP-3B 交付美国海军第 1 飞行中队；1988 年 11 月，首架 EP-3E Ⅱ 测试型飞机完工；

EP-3 侦察机

1990 年 7 月，首次试飞；1991 年 6 月 29 日，交付美国海军；1997 年，最后一架交付美军。

目前，美国海军共有 11 架 EP-3 型侦察机（其中一架在南海撞机事件后被拆毁），分别隶属于美国海军太平洋舰队第 8 巡逻大队 VQ-1 特种航空侦察中队（驻扎在美国本土）和大西洋舰队地中海巡逻大队 VQ-2 特种航空侦察中队（驻扎在西班牙）。每个中队均有海外基地，通常在西太平洋、印度洋、大西洋等基地进行 6 个月的驻防执勤，尔后返回进行为期一年的训练。

EP-3E 与 P-3 的不同之处在于前机身下方有一个圆盘形雷达天线整流罩，侦察设备装在后段机身上、下突出的整流罩内。该机安装有 4 台涡轮螺旋桨发动机，续航时间超过 12 小时，飞行成本为每飞行小时 2100 美元。机组成员 24 人，其中包括 7 名军官、3 名飞行员、1 名导航员、3 名战术程序员、1 名飞行工程师以及设备操作员、技术员、机械员等。

机载电子设备主要包括 AN/APS-134（V）搜索雷达（搜索距离 59～278 千米）、AN/ALD-9（V）通信波段搜索器、AN/ALR-81（V）雷达波段接收器系统、AN/ALR-82 电子信号拦截和接收系统、AN/ALR-84 雷达波段接收/处理系统、AN/ARR-81 通信情报接收系统、AN/AYK-14 中央计算机、AN/ULQ-16（V）脉冲分析系统、AN/URR-71 通信波段接收系统、AN/USH-26 信号记录系统、AN/USH-33 数据记录系统、IP-1159 脉冲记录系统、OM-75 信号解调器、AN/ALQ-108 敌我干扰识别器、AN/ALR-44 反干扰接收器等，最大监听距离 740 千米。

美国 OV-10 "野马" 侦察机

OV-10 轻型攻击侦察机，绰号"野马"，由北美罗克威尔公司研制，主要装备美国空军和海军陆战队，用于空中管制、空中火力侦察、对地火力支援、直升机护航，以及放射性侦察、战术空中观察、火炮及舰炮定位、战术航空作战的空中控制和低空航拍等。

美军通过长期战争实践得出一条经验，认为能否取得近距离对地空中火力支援的胜利，90% 取决于是否能迅速与准确地发现和识别地面目标。朝鲜战争时期，空军对前线侦察机的需求更为迫切，由于没有专用座机，只能用 T-6 特克森式教练机进行前线侦察和空中引导。

20 世纪 60 年代初期，美国海军陆战队对这种侦察机的需求也提到议事日程。在众多厂商竞争中，罗克威尔公司的方案获选。1964 年，该公司生产出 7 架原型机；1965 年 7 月 16 日，第一架 OV-10 首飞；1968 年 2 月，第一架 OV-10 交付美国海军陆战队；1968 年 7 月，OV-10 运抵越南岘港，开始投入实战。

该机外形十分独特，机身前部为由大块玻璃组成的纵列双座复式操作座舱，座舱玻璃低至腰膝部，视野非常开阔，座舱装有防护装甲和弹射座椅，战场生存能力大大提高；主翼中央为主机身，机身后部为一个 2.1 立方米的万能货舱，可装载 1451 千克的军用物资或 5 名伞兵或 2 个担架和 1 名护士；尾部最为奇特，采用双尾梁布局。该机装备有塔康战术导航系统、夜

OV-10 侦察机

视设备、合成激光测距/目标照射雷达，发现目标后可为攻击机指示目标。此外，该机还具有较强的对地攻击能力，机身下两侧短翼内装有 4 挺 7.62 毫米机枪；共有 7 个外挂点，主翼下左右各 1 个，机身下方中央 1 个，机身下两侧短翼各有 2 个，可挂载 70 毫米/127 毫米各种火箭发射器、炸弹、机枪、机炮吊舱或副油箱。该机共有 OV-10A、OV-10B、OV-10C、OV-10D、OV-10E、OV-10F 等型号，其中，OV-10B 为德国靶机，OV-10C、OV-10E、OV-10F 为出口型，分别卖给泰国、委内瑞拉和印度尼西亚。该机生产总数约 400 架。

1995 年，OV-10 从海军陆战队退役。目前美军仍有 100 架左右 OV-10 继续服役，主要执行国内和沿海侦察，包括参与扫毒、反偷渡、反走私等行动。

美国 RF-5E "虎眼" 侦察机

　　RF-5E 是美国诺斯罗普公司在 F-5E 基础上发展起来的战术侦察机，绰号"虎眼"。RF-5E 在机头加装照相设备，主要用于战场照相侦察。该战术侦察机主要对 F-5E 战机的前身进行了修改，将 F-5E 战机上的 AN／APQ-159 雷达与一门 M-39 型 20 毫米空用机炮移除，机首加长 50 厘米，舱内配备可见光 KA-95、KA-87 与红外 RS-710 型相机。座舱内将雷达显示

RF-5E 侦察机

屏幕去掉，加装一具900型摄影机的监视器，让飞行员了解目前所在位置。原型机1979年1月29日首飞，1983年装备部队。RF-5E空重4410千克，最大起飞重量11214千克，载油量1996千克，航程2483千米，作战半径1056千米，续航时间3.5小时，起飞滑跑距离610米，着陆滑跑距离762米。主要设备有KA95B中空照相机，KA-56E低空全景照相机或KA-93B6全景照相机，RS-710E红外扫描仪，前视或下视红外扫描仪或侧视雷达等。

　　RF-5E侦察机以前使用的是AN/APQ-153雷达，搜索距离近、范围小、局限性较大，改用AN/APQ-159（V）-1和（V）4型轻重量X波段脉冲雷达后，搜索距离可达74千米。在阴极射线显示屏方面也做了加大改进，能兼容电视信号，虽还不具备多目标处理能力，但在空对空近战搜索和目标距离与角跟踪定位方面具有较大的优势。RF-5E型侦察机的侦察效果受天气影响较大，获得的目标影像质量不高，侦照范围有限，仅能实施中低空照相，也不具备情报实时传输功能。

美国 RF-4C "鬼怪" 侦察机

RF-4C 是由美国麦克唐纳·道格拉斯公司在 F-4C 的基础上发展起来的战术侦察机，绰号"鬼怪"。该机 1963 年 8 月首飞，1971 年装备部队，1973 年 12 月停产，RF-4 各型共生产 505 架。该机空重 13757 千克，最大起飞重量 28030 千克，转场航程 3184 千米，作战半径 1226 千米，续航时间 4 小时，起飞滑跑距离 1680 米，着陆滑跑距离 920 米。动力装置：J79-GR-15 涡喷发动机 2 台，单台推力 75.6 千牛。主要设备有记录航路两侧地形的高分辨率 AN/UPD-4 侧视雷达、AN/AAS-18A 红外扫描器、前视和侧视照相机、AN/ASM-48 惯导系统、AN/APQ-99 地形跟踪及测绘雷达等。

RF-4C 侦察机

美国 RC-12 "护栏" 侦察机

RC-12 是美国比奇飞机公司在其研制的"超空中国王"200 的军用型 C-12 基础上改装的供美国三军担负特种任务的电子侦察机,绰号"护栏"。该机不仅能侦测敌方通信和雷达阵地,

RC-12 侦察机

而且能连续监视移动目标并自动绘出瞬时坐标。D、H 型 1991 年装备部队。K 型 1995 年装备部队。

该机乘员 6 人,机长 13.34 米,翼展 16.61 米(有翼尖油箱为 16.92 米),机高 4.57 米,机翼面积 28.15 米,最大速度 545 千米/小时,巡航速度 523 千米/小时,爬升率 12.45 米/秒,升限 10670 米,空重 7656 千克,最大起飞重量 5670 千克,航程 2200 千米,续航时间 5 小时,起飞滑跑距离 590 米,着陆滑跑距离 540 米。动力装置:2 台 PT6A-42 涡桨发动机,单台功率 634 千瓦。主要设备:VIR-30AGM 第 2 号自动全向指向标(带 IND31C 指示器),AN/USD-9(V)2 窃听定位系统,AN/ALQ-156 导弹探测系统,AN/ALQ-162 电子支援测量干扰机,AN/ARW-83(V)5 机载中继设备。

美国 RC-135 "联合铆钉" 侦察机

RC-135 侦察机

RC-135，绰号"联合铆钉"，是美国波音公司在 KC-135 加油机的基础上改装而成的侦察机。美国国防部对其定位：美国空军要想为美军 21 世纪指挥官提供全球和战区的情报，光凭侦察卫星、无人驾驶侦察机及敌后的间谍是远远不够的，RC-135 是弥补这一不足，整合各种侦察系统的重要手段。2006 年底美国空军最新改进型 RC-135"联合铆钉"电子侦察机服役。根据其功能和用途，主要有三大类：信号情报侦察机、电子情报侦察机和弹道导弹情报侦察机，主要使用的有 S、U、V、W、X 型。该机型乘员 16 人，机长 39.2 米，翼展 39.88 米，机高 12.7 米，机翼面积 226 平方米，最大航程 12000 千米，续航时间超过 12 小时，借助空中加油巡航时间最长可达 20 小时。2001 年 5 月 7 日，在中美撞机事件尚未妥善解决之际，美国便恢复对我东南沿海的飞行侦察。执行侦察任务的是从嘉手纳美国空军基地起飞的 RC-135 战略侦察机。

美国 TR-1A 侦察机

TR-1 是美国洛克希德公司用战略侦察机 U-2 改装而成的高空战术侦察机,它能在敌境外利用各种机载设备不分昼夜连续观测敌境纵深有辐射与无辐射目标,两架以上 TR-1 侦察机获得的信息通过数据链实时地传到在地面的解算站,能及时得到目标的准确位置,由攻击机实施攻击,TR-1 有三种改型:A 型,战术侦察型;B 型,双座教练型;ER-2 型,由 A 型改装的地球资源研究机。TR-1 侦察机续航时间 12 小时,转场航程 4830 千米,最大起飞重量 18144 千克,空重 7500 千克。

TR-1A 侦察机

俄罗斯伊尔-20"黑鸭"侦察机

伊尔-20是苏联伊留申设计局用伊尔-18运输机改装的电子侦察机,绰号"黑鸭"。主要遂行区域性电子侦察任务。机腹有一个长10.25米、宽3.2米、高1.15米的容器,内装一部侧视雷达。在前机身两侧的鼓舱内装有侦察照相机和电磁传感设备。机上有10个天线罩,其中8个在机腹,2个在机背上。

伊尔-20M安装了新型特种侦察设备,不仅装备了普通雷达,而且装备了光学雷达,机舱工作间操控台的舒适度得到了改进。冷战时期,伊尔-20和伊尔-20M电子侦察机曾多次参加苏军的各种规模军事演习。1970年2月4日至10日,伊尔-20M参加了"德维纳河"军事演习。1971年5月,苏联空军在阿赫图宾卡军用机场举行了代号为"晶体"航空武器装备成果汇报会,伊尔-20M作为受阅编队长机,接受了苏共总书记勃列日涅夫的检阅。

随着在中立水域上空遂行侦察任务,伊尔-20M逐渐被西方知晓。1978年,伊尔-20M在遂行空中电子侦察任务时被北约战机发现。北约将其命名为"黑鸭"。随后,在世界各大洋的中立水域上空遂行电子侦察任务时,伊尔-20M经常遭到假想敌国家战机的"拦截"。

据悉,自2015年参加叙利亚反恐战争以来,俄罗斯空天军共计对叙利亚恐怖分子实施200多次空中精确打击,摧毁了恐怖分子的弹药库、指挥所和油料库以及有生力量。伊尔-20M提供的雷达地图和航空

伊尔-20侦察机

　　照相地图,大大提高了联合航空集群空中精确打击的效率。此外,苏-25强击机和苏-24前线轰炸机,可以直接在伊尔-20M的协同下,对恐怖分子地面目标实施打击。让人不可思议的是,敌对空搜索雷达甚至防空导弹系统的搜索与警戒雷达都难以发现伊尔-20M。因此,美国将伊尔-20M称为"神秘的电子侦察机"。

　　2018年9月17日夜间,俄罗斯空天军一架伊尔-20M,在地中海上空完成作战任务后,返航准备在赫梅明空军基地降落时,被叙利亚防空部队S-200防空导弹系统误击落。当时,4架以色列F-16战机向伊尔-20M着陆的机场周围目标发射了空地导弹,迫使叙利亚防空部队发射导弹拦截。此时,与以色列F-16战机近在咫尺的伊尔-20M,自然也落入了S-200防空导弹的火力圈。此时,以色列空军4架F-16战机成功摆脱了防空导弹的拦截,而伊尔-20M却中弹坠毁,机上15名成员全部遇难身亡。

俄罗斯 M-17"平流层"侦察机

M-17 是苏联米亚西舍夫设计局研制的高空侦察机，绰号"平流层"。原型机 1 号机 1978 年 12 月首飞坠毁，3 号机 1982 年 5 月 26 日试飞成功。改进型 M-55 于 1988 年 9 月 16 日首飞。该机除担负高空侦察和观察任务外，还可执行空中照相测量、地形测绘、冰河观测、海岸巡逻、搜索救援等任务。由于该机能执行像美国 U-2 飞机类似的任务，因而曾被称为"苏联的 U-2 飞机"。该机乘员 1 人，机长 22.67 米，翼展 37.46 米，机高 4.83 米，机翼面积 132 平方米，最大速度 820 千米/小时，巡航速度 740 千米/小时，升限 21550 米，空重 14000 千克，最大起飞重量 23800 千克，航程 5000 千米，续航时间 6 小时 30 分，起飞滑跑距离 900 米，着陆滑跑距离 780 米。动力装置：M-17 装 1 台 RD-36-51V 涡扇发动机，推力 68.6 千牛；M-55 装 2 台 D-30-10V 涡扇发动机，推力 93.1 千牛。

M-17 侦察机

俄罗斯图-16"獾"侦察机

图-16侦察机

图-16侦察机是苏联图波列夫设计局在图-16轰炸机基础上改装的,绰号"獾",20世纪60年代首飞。主要型别:D型(电子侦察型)、B型(照相侦察型)、K型(最新电子侦察型)、F型(海军型),机头下部有天线罩,两个腹部泡形整流罩和机翼下挂的吊舱里装有电子侦察、照相侦察和电子干扰设备。该机乘员3人,机长34.8米,翼展32.93米,机高10.08米,机翼面积164.65平方米,最大速度992千米/小时,巡航速度865千米/小时,最大爬升率21米/秒,实用升限12800米,空重37200千克,最大起飞重量72000千克,最大航程5760千米,续航时间7小时20分,起飞滑跑距离2180米,着陆滑跑距离1655米,动力装置:РД-3М涡喷发动机2台,单台推力93.1千牛。主要设备有无线电侦察仪、目标侦察雷达、雷达照相机、航空照相机、电子吊舱等。

俄罗斯安-30"铮铮"侦察机

安-30，绰号"铮铮"，是苏联安东诺夫设计局在安-24运输机基础上发展起来的航测/侦察机，主要为绘制各种地图进行空中摄影，也可执行空中侦察任务。原型机1974年首飞，1976年装备部队。该机乘员7人，机长24.24米，翼展29.2米，机高8.32米，

安-30侦察机

机翼面积 74.98 平方米，最大速度 520 千米/小时，巡航速度 430 千米/小时，爬升率 6 米/秒，空重 15590 千克，最大起飞重量 23000 千克，载油量 5500 千克，航程 2500 千米，续航时间 7 小时，起飞滑跑距离 700 米，着陆滑跑距离 640 米。动力装置：2 台 AИ-24BT 涡桨发动机，单台功率 2073 千瓦。主要设备有地形测绘仪、图像处理电子计算机、摄影机、照相机等。

"长空哨兵"预警机

能够提前发现敌人,哪怕是提前几十秒,对作战双方都是至关重要的。于是,号称"空中指挥部""千里眼""顺风耳"的预警机,应运而生了。预警机是一种用于搜索、监视、先期报警空中或海上目标并引导己方歼击机或防空武器实施截击的军用飞机。大多数预警机有一个显著的特征,就是机背上背有一个大"蘑菇"形的天线罩,主要用于搜索、监视空中或海上目标,指挥并引导己方飞机执行作战任务,具有探测范围广、指挥控制能力强,但自身防护能力弱等特点。相比于传统的侦察机,预警机多了通信、协调、指挥等功能,而且更加侧重这些功能。

20世纪40年代至50年代初期生产的预警机,普遍存在着机体过小、机载油料过少、航程较短、机组人员较少的缺点,空中预警和指挥控制能力仍然较弱。

1957年，由美国格鲁曼公司研制的WF-2预警机实现首飞。这是世界上第一种真正实用化的预警机，命名为"E-1B"，1958年服役，共生产88架，直至1977年才被E-2预警机取代。预警机进入战争领域的历史并不长，但是在它问世以后的几次战争中却写下了辉煌战果。在叙利亚的贝卡谷地上空、海湾的伊拉克上空、东欧的南联盟上空，无不展现着预警机不可取代的地位和高超的作战能力。

从全球来看，预警机从开始研制到现在已经有七十余年的历史，已经发展到了第三代，当今世界有能力制造预警机的国家只有美国、英国、俄罗斯和中国，其余国家都只能生产部分子系统，而不能生产整机。可以说能生产预警机的国家比能建造航空母舰的国家都要少。预警机具有巨大的战略价值，谁拥有了它，谁就对地区的力量平衡产生重大的影响。

美国 E-1"追踪者"预警机

E-1 预警机

E-1 是美国格鲁曼公司研制的第一代预警机,绰号"追踪者"。1957 年原型机首飞,1985 年 2 月开始投入批量生产,1960 年开始服役。E-1 起初被命名为 WF-2,1962 年改名为 E-1B。该机乘员 6 人,机长 13.82 米,翼展 22.05 米,机高 5.13 米,机翼面积 46.08 平方米,最大速度 466 千米/小时,巡航速度 265 千米/小时,爬升率 6 米/秒,升限 7010 米,空重 12247 千克,最大起飞重量 16200 千克,航程 1450 千米,作战半径 650 千米,起飞滑跑距离 570 米,着陆滑跑距离 600 米。动力装置:2 台 R-1820-82WA 螺旋桨发动机,单台功率 1121 千瓦。

主要设备有 AN/APS-82 预警搜索雷达,雷达天线罩长 9.75 米、宽 6.1 米、厚 1.52 米,重量 558 千克,工作频率 2850～2910MHz,扫描范围 360°扇形,探测距离 315 千米。该机可引导少量的飞机进行作战,但缺乏将数据传给航空母舰的技术手段。E-1B 的面世是对当时早期空中预警技术的重大发展,共生产了一架原型机和 88 架生产型,于 1965 年开始逐渐被更新的 E-2 所取代。

美国 E-2 "鹰眼" 预警机

E-2 预警机，绰号"鹰眼"，由美国格鲁曼公司研制，主要装备美国海军，并出口日本、法国、以色列等国，用于舰队防空和空战导引指挥，也可用于执行陆基空中预警任务。

1956 年 3 月，该机开始设计，经过方案论证后，共制造 3 架原型机；1960 年 10 月，第一架原型机升空；1961 年 4 月 19 日，装备全套机载设备的飞机完成首次实用性飞行后，正式编号为 E-2A。1964 年 1 月，开始交付使用。E-2 共有 E-2A、E-2B、E-2C、E-2D、E-2T 等型号。其中，E-2A 为最初量产型，共生产 59 架。E-2B 为 E-2A 升级版，共升级 52 架。E-2C 为 E-2B 的升级版，最初使用 APS-120 雷达，1978 年升级为 APS-125 雷达，1984 年升级为 APS-138 雷达，后来又升级为 APS-139 雷达和 APS-145 雷达。其中，E-2C 鹰眼 2000 为 E-2C 的全面升级版。E-2D 更换有新型航电系统、发动机、数码化驾驶舱，2007 年 8 月 3 日首飞，性能达到 2011 年的美军标准。E-2T 为 E-2B 的升级版，装备有 AN/APS-145 雷达。

虽然 E-2C 系列原为舰载机设计的，但实践证明也适合以岸基方式部署，且岸基部署可容许更大的起飞重量。在 1991 年的海湾战争中，共有 27 架 E-2C 在战区执行任务，共出动 1184 架次，飞行 4790 小时。由于在战区中有功能更强的 E-3 型预警机，E-2C 主要担负通信中继、飞行管制等任务。E-2C 由于缺乏卫星通信与空中加油设备，其使用与航程受到较大限制。

1982年6月9日，以色列与叙利亚在贝卡谷地展开了一场"中东历史上规模最大的空战"。这天，以色列空军首先派出的两架E-2C，在黎巴嫩西海岸9000米高空进行战场监视。叙利亚空军的飞机一起飞，马上就进入"鹰眼"的"视线"，并将叙军飞机的型号、速度、高度、航向等数据，源源不断地通报给早已等候在空中的战斗机，指挥F-15、F-16进行截击。叙军两次出动的116架战斗机由于没有预警机的指挥，成为以色列战斗机的靶子，连续被击落81架，而以色列战斗机在空战中没有损失1架，这在现代空战史上是前所未有的。贝卡谷地之战后，E-2名声大噪。此后，在1986年的美军空袭利比亚和1991年的海湾战争中，它也都有出色表现。

E-2预警机

美国 E-3"哨兵"预警机

E-3 预警机

E-3,绰号"哨兵",也称"望楼",是美国空军装备的一种全天候远程空中预警机,是世界上最好的大型预警机之一。该机由美国波音公司研制,具有下视能力及在各种地形上空监视有人驾驶飞机和无人驾驶飞机等功能,主要用于空中管制、控制、通信、侦察等。

1963年,美国空军提出研制"空中警戒和控制系统",发展"下视雷达技术"。20世纪60年代后期,由威斯汀豪斯公司研制的脉冲多普勒体制下视雷达技术取得突破性进展。1970年,波音公司提交的方案竞争获胜,成为"空中警戒和控制系统"的主要承包商。

首先,波音公司将两架707-320B型民航货机改装为试验机,代号为EC-137D,用于试验机载电子设备，并于 1972 年 2 月 7 日首次试飞。此后，又以波音 707 为基础研制出 3 架原型机。1975 年，第一架原型机首次试飞。1977 年 3 月，第一架生产型 E-3 交付使用。1978 年 5 月，首批 8 架形成初步作战能力。1984 年 6 月，34 架（含 3 架原型机）交付完毕。E-3 主要有 A、B、C、D、F 等型号。E-3 预警机一共制造了 68 架，1992 年停产。

E-3 第一次崭露头角是在 1977 年一次军事演习中。在历时 50 分钟的空战中，它探测到 274 架"入侵"飞机，并引导 134 架飞机进行拦截，取得圆满成功，被称为是战斗力的倍增器。E-3 自服役后陆续参加了美国入侵格林那达、空袭利比亚和巴拿马、海湾战争、科索沃战争、阿富汗战争、伊拉克战争等。在海湾战争期间，参战的 19 架 E-3 随时保持 3～5 架在空中值班，执行了超过 400 项任务，时间长达 5000 小时，与其他指挥机构、预警指挥机一起保障了多国部队 12 万架次的战斗飞行。在 40 余次的空战中，E-3 参与了 38 次，引导战斗机击落 39 架伊军战斗机。在科索沃战争中，E-3 在战区上空巡逻，指挥 F-16 击落了南联盟的米格 -29 战斗机。

1994 年 4 月 14 日，E-3 在伊拉克北部执行禁飞任务时因辨别错误，引导 F-15 击落了 2 架美国陆军 UN-60 直升机，造成 26 人死亡，暴露了其在敌我识别方面存在的问题。

美国 E-8 "联合星" 预警机

E-8 是美国空军装备的远距雷达监视预警机，绰号"联合星"，是美军"联合监视目标攻击雷达系统"的空中部分。该机主要由诺斯罗普·格鲁曼公司研制，与地面雷达站配合构成联合目标监视攻击雷达系统，负责在空中监视敌方目标，并及时将信息传递给己方飞机，引导和指挥作战飞机与地面部队对敌人发起攻击。

E-8 共有 E-8A、E-8B、E-8C 三个型号。E-8A 为最早的原型机，共有 10 个操作员控制台；E-8B 采用新的机体，共有 15 个操作员控制台；E-8C 为主要量产型，共有 18 个操作员控制台，首架于 1996 年 3 月 22 日交付美国空军。1997 年 12 月，美国空军宣布 E-8C 已具备初步的作战能力。该机续航时间 9 小时，一次空中加油后可达 20 小时。E-8C 飞机是战场指挥官及时了解战场战术态势的最有效的手段，因为它与侦察卫星和无人机相比更具有优势。侦察卫星距离人远，而无人机的探测范围和探测时间又很有限，并且它们的实时性比 E-8C 飞机要差。E-8C 飞机上的雷达数据，可通过数据链及时传到美国陆军的地面站上进行处理和显示，而且雷达的各种工作方式也可交错进行，可在不同的显示器上监视不同的画面。

1991 年海湾战争爆发时，刚刚问世仍处于试验阶段的两架 E-8A 就被派往前线，参加了"沙漠风暴"行动。战争期间，两架 E-8A 共飞行 749 架次。除了提供了大量的图像及其他战场信息外，在两次关键行

E-8 预警机

动中发挥了不可替代的作用。一次是多国部队在进攻伊拉克的哈夫迪城期间，E-8A 探测到伊军的 80 多辆坦克装甲车利用夜暗正向哈夫迪城增援。多国部队接到情报后迅速调集空中值班飞机及时阻截，一举粉碎了伊军的支援行动，保证了攻城作战的顺利实施。另一次是在伊拉克部队大规模从科威特市撤出期间，E-8A 探测到有上千辆正逃跑的车辆，并实时地将伊军的撤军信息及时地传输给了多国部队的空军作战中心，指挥官们依靠这些情报采取行动，在伊拉克部队撤出科威特市外的必由之路上，利用战术空中力量，阻断并全部消灭了伊拉克的这支机械化部队。1995 年后 E-8 参与了欧洲南部的多次作战和维和行动，出动 130 余次约 1500 飞行小时，完成任务的有效率达到 98%。同时也暴露了载机飞行性能方面存在的问题，如飞行高度不足、滑跑距离过长等。

俄罗斯图-126"苔藓"预警机

图-126,绰号"苔藓",是苏联最早装备的、机身上部安装有雷达天线的预警机。该机由图-114型民航客机改装而成,由图波列夫设计局研制,主要用于空中预警以及引导歼击机或对地攻击机作战。

20世纪50年代,美国在喷气式轰炸机、空中加油系统、远程导航技术等方面取得了较大的突破,这就意味着美国可以越过北极地区向苏联发动攻击。如果依靠地面防空探测与拦截系统防止美国来自北极方向的攻击,苏联势必要投入大量的资源,因此为了提高北部及边远地区的防空能力,苏联启动了以研制图-126空中预警机为核心的"全国防空现代化计划"。

根据这一计划,苏联决定以图-114客机为平台开始研制属于自己的第一代预警飞机。1960年开始设计;1962年1月23日首飞;1965年开始装备苏联空军,当时由8架飞机组成第67预警机飞行大队。

图-126机体与图-114基本相同。图-114是苏联在图-95轰炸机的基础上研制的大型民航客机,1957年首飞,最大载客量220人,航行距离可达14000千米,是波音747出现以前最大的民航客机。与图-114不同之处在于,图-126机头部位加装有空中受油管,经空中加油后巡航时间可达20小时,尾部有腹鳍,机身上部装有直径为11米的旋转雷达天线罩。

图-126机载电子设备主要包括一部"平顶柱"式机载预警雷达、SRO-2M型敌我识别器、"警笛"-3护尾雷达警戒装置、近距导航仪和惯性导航系统、

图-126 预警机

R-831/RS Ⅳ-5 超高频/甚高频电台、RSB-70/R-837 高频电台和 ARL-5 数据链、"红宝石"地面搜索雷达,以及无源与有源电子对抗设备等。

20 世纪 60 年代,随着地形跟踪雷达、飞行控制及操纵系统的发展,飞机的低空突防能力大大提高,图-126 雷达所采用的单脉冲体制下视性能较差,即使飞行员采取低空飞行、向上探测的方法也无法弥补这个缺陷。最终,由于该机低空预警能力不足,以及无法抵御空空或对空导弹的攻击,20 世纪 80 年代逐渐被 A-50 预警机所取代。

俄罗斯 A-50 "中坚" 预警机

A-50 是俄罗斯空军装备的主力预警机,绰号"中坚"。该机由别里耶夫设计局设计建造,是图-126 型预警机的后继机,主要担负空中预警、警戒以及引导战斗机执行防空和战术作战任务。

A-50 在伊尔-76 喷气式运输机基础上改进而成,研制工作始于 20 世纪 70 年代。该机共有 A-50 基本型,以及 A-50M、A-50U、A-50I(出口印度)等改进型,生产数量 30 多架。1978 年 12 月 19 日,首架 A-50 原型机首飞;1984 年,开始陆续装备部队。

A-50 在伊尔-76 的基础上取消了机头领航员透明风挡,在飞机头部装有空中加油受油杆,在头锥内装有气象雷达,头锥下后侧装有地形测绘雷达,机身腹部前后两侧装有电子对抗监视天线,机翼后缘处的机

A-50 预警机

身上部装有一部空中预警雷达。

该机装有"熊蜂"大功率电子综合系统,包括脉冲多普勒三坐标雷达、电子对抗监视天线、敌我识别系统和数字式抗干扰通信设备等,低空预警半径450千米、高空620千米,可同时跟踪50个目标,指挥12架战斗机作战。其中,A-50I换装有以色列生产的"费尔康"相控阵雷达,可同时自动跟踪100个以上目标,管制至少90次空中拦截,整体性能与E-3C相近。

A-50安装有4台涡轮风扇发动机,最大飞行速度900千米/小时,巡航速度760千米/小时,无空中加油情况下续航时间4小时,A-50M、A-50U续航时间可达6小时,而俄罗斯称A-50I留空时间可达7小时40分,空中加油后可停留12小时,2架A-50I即可提供24小时全天候预警能力。

该机共有15名机组成员,其中飞行人员5人(驾驶员、副驾驶员、飞行工程师、导航员和无线电通信员),操作人员10名(3名负责监测雷达屏幕,4名飞机引导员和3名电子设备和通信设备操作员)。与E-3预警机相比,虽然A-50的低空识别力优于E-3预警机,但其侦察、预警、引导总体能力还是逊色许多。而且,机舱里设备较重较大,内部拥挤狭窄,飞行噪声较大,机上缺乏休息空间和洗手间,机组人员工作条件较为艰苦。

俄罗斯安-71"顽童"预警机

安-71是苏联安东诺夫设计局用安-72运输机改装的预警机,绰号"顽童"。原型机1985年11月12日首飞。该机是为了在航空母舰上使用而发展的,主要用于搜索、跟踪海上目标,并指挥、引导己方飞机作战。其特征是在垂尾顶部安装了雷达天线罩,而原来的T形平尾改到垂尾根部。该机乘员6人(机组乘员3人,电子操作人员3人),机长23.5米,翼展31.9米,机高9.2米,机翼面积98.6平方米,最大速度650千米/小时,巡航速度530千米/小时,升限10800米,使用高度8000米,航程1600千米,作战半径600千米,续航时间5小时,起飞滑跑距离450米,着陆滑跑距离500米。动力装置:2台D-436K涡扇发动机,单台推力73.5千牛。机身后段加1台RD-38A涡喷加力器供起飞用。主要设备有Kvant雷达系统,能做360°扫描,探测距离370千米,高度0~3000米,能同时跟踪400个目标。

安-71预警机

以色列"费尔康"预警机

"费尔康"其实是一种机载预警雷达与指挥控制系统,由以色列飞机公司研制,具有探测距离远、识别能力强、跟踪目标多、反应时间快、抗干扰性好、生存能力强、操作使用可靠、作战效能高等特点。

1987年,以色列飞机公司开始研制"费尔康"预警系统,并安装在波音707上,用以取代E-2C和E-3A。首架原型机于1993年5月12日成功首飞,1994年交付智利空军,是世界上第一种装有相控阵雷达的预警机。该机长48.41米,翼展44.42米,机高12.93米,空重80000千克,最大起飞重量150000千克,最大平飞速度880千米/小时,巡航速度780千米/小时,航程8500千米,最大续航时间12小时。

"费尔康"与A-50采用机械扫描技术不同,采用的是先进的电子扫描技术,具有重量轻、造价低、可靠性高等特点,一旦发现目标,可在0.1秒时间内将控制波束返回至目标方向,并迅速发出警报。空中预警能力基本上与美国E-3预警机相同,明显优于E-2C,有些性能甚至超过E-3,但价格却只有E-3的1/3左右。与采用机械扫描的E-2和E-3相比,该机具有以下优点:一是扫描速度快,只需2~4秒就能对目标进行识别,而机械扫描雷达一般扫描360°需10~12秒,识别目标需20~40秒;二是灵活性强,根据需要,可以在选定的空域给以超长的驻留时间,以进行航迹跟踪或消除虚警,也能根据需要增大探测距离;三是可靠性好,即使多个收发组件出现故障,

"费尔康"预警机

系统仍能继续工作。因此,该机的电子扫描识别速度是 E-2 及 E-3 等所载机械扫描式雷达的数倍。

经测算,一部"费尔康"机载预警与指挥控制系统相当于 8～10 个大功率地面雷达站,能节省 2～3 个地面警戒雷达团的兵力,防空系统的效能可提高 15～30 倍,拦截与击落敌机的数量可增加 35%～150%,后方遭敌空袭的次数可减少 15%～55%,在保持相同防空能力的条件下,其防空截击机的数量可减少近 70%。2004 年,以色列转而将 3 套"费尔康"系统卖给印度。2009 年 5 月 28 日,印度空军在新德里郊外的巴勒姆空军基地举行首架费尔康预警机服役仪式。

澳大利亚"楔尾"预警机

"楔尾",全称"楔尾空中预警和控制系统",由美国波音公司研制,号称全世界最先进的预警机。由于美国已经装备有 E-2、E-3、E-8 等预警机,该机并没有装备美国空军,而首先被澳大利亚相中。

2000 年 12 月,澳大利亚与波音公司签署 10 亿美元的协议,用来购买 6 架"楔尾"预警机。2002 年 12 月,开始对机身进行改装,安装机载雷达;2004 年 5 月,在西雅图首次进行机载雷达飞行试验;2005 年 7 月,测试工作完成;2009 年 11 月 26 日,首批两架交付澳大利亚皇家空军;2010 年 4 月,首批两架正式服役;其余 4 架于 2010 年 5 月至 2012 年 5 月交付完毕。2012 年 9 月,澳大利亚宣布,"楔尾"预警机已形成初步战斗能力。

"楔尾"预警机以波音 737-700 短程客机为载机,采用波音 737-800 的中段、机翼和起落架,机

"楔尾"预警机

身上方加装有大型天线，机头上面加装空中受油装置，主翼安装有燃料抛弃系统。与传统预警机不同，"楔尾"机身上方并没有安装一个大圆盘，采用的是横木天线罩，安装有诺斯罗普·格鲁曼公司的多波段多功能电子扫描相控阵雷达。雷达的扫描天线由两部分组成，一部分垂直竖立在后机身上方成为背鳍，另一部分则水平安置在背鳍上部，两部分天线相互叠加组成了一个完整的天线阵列，这种布置方式比传统的机载预警与控制系统雷达更有效。

"楔尾"预警机可同时跟踪300个目标，在9000米高度飞行时探测距离达850千米，对战斗机目标下视探测距离370千米，对一般护卫舰的探测距离240千米以上。能在任何天气条件下锁定600千米范围内的180个目标，可同时指挥24架飞机作战。留空时间超过8个小时，空中加油后可连续飞行20个小时。在1万米高度飞行时，监视地面范围可达40万平方千米。在一次长达10小时的任务中，该机的探测覆盖面积甚至达400万平方千米。自2011年以来，该机先后在马来西亚、关岛、美国阿拉斯加等地参加了多次演习。

波音公司不仅将该机出口至澳大利亚，还分别卖给了土耳其和韩国。其中，土耳其称之为"和平之鹰"，于2002年5月签订合同，购买4架，2007年试飞，2010年7月开始陆续交付。韩国称之为"和平之眼"，于2006年8月签订合同，购买4架，2011年9月21日开始陆续交付。

英国"猎迷"预警机

"猎迷"是英国宇航公司为英国皇家空军研制的预警机。机头和机尾各安装一个雷达天线罩，两个天线共有一部发射机，由波导开关控制完成360°方位搜索。20世纪70年代初由一架"慧星"4C改装而成，1980年7月开始试飞。该机乘员10人，机长41.97米，机高10.67米，翼展35.08米，机翼面积197平方米，最大速度925千米/小时，巡航速度370千米/小时，巡航高度8000～9000米，实用升限12800米，空重38800千克，最大起飞重量80000千克，转场航程9358千米，续航时间10小时，起飞滑跑距离1463米，着陆滑跑距离1615米。动力装置：RB168-20"斯贝"MK250涡扇发动机4台，单台推力54千牛。雷达型号Nimrod，卡塞格伦天线，体制脉冲多普勒，波段E/F，脉冲重复频率约2000兆赫，探测距离300～500千米（高度6000～9000米），指挥引导能力3名空中引导员，每人可引导2～8架飞机。到20世纪80年代中期，该机没有达到预想目标，至1986年底，英国国防部决定停止研制。

1982年，3架"猎迷"改装完成，其中2架有任务设备，此后进行长时期的检飞试验。"猎迷"样机检飞表明：该系统设计上存在两个缺陷：一是它采用中重复频率PD雷达体制，能探测到相对速度较低的目标，最低速为72千米/小时。这本来是一个优点，由于20世纪60年代建成的英国和欧洲大陆的高速公路上有大量高速汽车能超过这一速度，构成了该雷达在陆上下视时的主要虚警来源。这些虚警使雷达在陆上难以识别和跟踪低空飞机。二是它的发射机平均故障间隔只有17小时，无法保证系统的任务可靠度。另外，载机机舱狭窄，机上人员工作、休息条件差。虽然后期改进型已经基本消除了试验出现的问题，但是英国政府由于该机的性能不佳，最终还是停止了"猎迷"的发展，定购了美国的E-3预警机。"猎迷"预警机研制十余年，花费数十亿英镑，仍半途而废，可见大型预警机研制之艰难。

"猎迷"预警机

"空运力士"运输机

运输机是一种用于运输兵员、武器装备和其他军用物资,并能空投伞兵和军用装备的军用飞机,具有在复杂气候条件下飞行和在简易机场上起降的能力,有的还装有自卫武器及电子干扰设备。与其他运输工具相比,军用运输机的优点是机动灵活性强,可实施快速兵力机动,在很短时间内将兵员、装备等送到目的地。

按照用途的不同,军用运输机可分为战略和战术两种。战略运输机一般是大型或巨型飞机,主要用来执行战略运输任务,以运载各种重型军事装备为主,也可以用来运兵。它的载重量大、航程远,能做远程或洲际飞行。一般在远离作战地区的大、中型机场起落,但也要求能在离前线不远的中、小型机场或野战机场起落。战术运输机一般是中、小型的,主要从事近距离快速兵力机动和后勤支援，可在离前线几百千米范围内，直接或间接配合前方部队作战。它的载重量较小，可在中、小型机场和野战机场起落。1991年的海湾战争中，美军动用了350架军用运输机，并租借180架民航客机和货机，共向海湾地区运送539000吨的货物和近50万名各类作战人员，执行了14000次远程运输任务。在1999年科索沃维和行动中，俄罗斯出动6架伊尔-76大型运输机，先将1000名士兵和物资运送到科索沃境内，然后空降200多名伞兵，以迅雷不及掩耳之势抢占了普里什蒂纳机场，赢得了俄罗斯同北约讨价还价的重要筹码。大型军用运输机的装备数量、技术水平和运载效能已成为衡量一个国家国防实力的重要标志。军用运输机正向着大型化、数字化、短距起落、直接送达、高生存性、低使用成本和"一机多型"的方向发展。

美国 C-130 "大力神" 运输机

C-130，绰号"大力神"，是美国洛克希德公司在 1951 年根据美国空军和陆军的要求开始研制的四发中型多用途战术运输机。该机是美国最成功、最长寿和生产最多的现役运输机，在美国战术空运力量中占有核心的地位，同时也是美国战略空运中重要的辅助力量。

1951 年，刚刚由美国陆军独立出来的美国空军便向各大航空公司提出研制新型运输机的要求。1952 年 11 月，洛克希德公司的设计方案在众多竞争对手中最终获胜。1954 年 8 月 23 日，原型机 YC-130 在加利福尼亚州伯班克完成首次飞行。1953 年和 1954 年，美国空军先后订购了 27 架 C-130。1956 年 12 月，开始交付美国空军战术空运联队。

该机共有 A、B、C、D、E、H、J、K 等 40 多个型号。C-130A 于 1955 年 4 月 7 日首次试飞，1956 年 12 月开始交付给美国空军，1959 年 2 月停产。C-130B 于 1958 年 11 月 20 日首次试飞，1959 年 6 月 12 日开始交付使用。C-130C 为科研试验机，原型机于 1960 年 2 月首飞，后来计划取消。C-130D 是 C-130A 的改进型，可由助推火箭辅助起飞，主要用于极地运输，共生产 12 架。C-130 从第一架交付美国空军以来，服役已经接近 70 年，是目前各国运输机中使用时间最长的，至今仍是美国空军战术运输机的主力机种，堪称运输机中的"不老松"。C-130 除了可用于空运物资和空降外，其改型还可用于空中加

C-130 运输机

油、无人驾驶飞机的发射和搜索救援、森林灭火、电子战、武装攻击等。

美国空军的 C-130 运输机曾在越南战争中大量使用，不但参加了远程空运，而且保障了大量空降作战。1967 年 2 月，13 架 C-130 成功地实施了营级规模的空降。11 月，出动 C-130 运输机 250 架次，保障部队实施空中机动作战。在英阿马岛战争中，英国空军出动 C-130 运输机 2 个中队、VC-10 运输机 1 个中队，并紧急征用了部分民用飞机。在建立阿森松岛中间基地和支援战区作战中发挥了重要作用。阿森松岛距离英国 5120 千米，距离马岛 5600 千米，位于英国和马岛之间,既是英国特遣舰队征战马岛的中间补给站,又是其空军作战距离马岛最近的基地。英国在决定派遣特遣舰队的同一天,命令英军进驻阿森松岛。命令下达后3小时,英空军起飞第一架C-130运输机将第一批指挥与保障人员运往阿森松岛,并迅速使各类人员增加到1300人,保障了作战需要。在战争中,军用运输机共起飞600余架次,累计飞行1.7万小时,由英国本土向阿森松岛空运5600人,7500多吨物资。其中,民用飞机空运350吨。从阿森松岛到马岛往返1.3万千米,舰船航行需要20多天,而C-130运输机只需要20多小时。运输机将部队急需的物资伞降到海面上,再由直升机将其捞起,送到指战员手中,这对支援作战、鼓舞士气产生了重要作用。

美国 C-141 "运输星" 运输机

C-141，绰号"运输星"，是美国空军主力战略运输机之一，主要担负运送人员和物资的任务。该机由洛克希德公司佐治亚州分部研制，是世界上第一种完全为货运设计的喷气式飞机，也是第一种使用涡扇发动机的大型运输机。

1960 年春季，美国空军提出要建造一种能够执行战略和战术空运任务的运输机，以取代活塞式运输机，要求该机载重量不低于 27 吨，飞行距离不少于 6500 千米，并能够低空空投物资和空投伞降部队。

1963 年 12 月 17 日，C-141 实现首飞；1964 年 4 月，美国军事空运司令部首批订货 127 架；1965 年 4 月，交付美国空军使用；自 1965 年服役后，该机先后取代了 C-135、C-124 和 C-118 等运输机，成为美

C-141 运输机

军运送重型军用物资的主力;由于越南战争需要,美国空军于 1967 年又两次增加订货;1968 年 2 月,该机正式停产;2006 年 5 月 5 日,全部退役。

该机共有 C-141A、C-141B、C-141C 等型号,其中,C-141A 为基本型,C-141B 为 A 型的加长型,C-141C 为 B 型的改进型,性能与 B 型基本一致。由于受 C-141A 型运输机货舱容积的限制,飞机常常达不到最大的起飞重量。此外,为了提高该机的航程,1976 年,洛克希德公司根据美国空军的要求,开始对 270 架 C-141A 型进行改装。1977 年 3 月,原型机 YC-141B 首次试飞;1979 年 12 月,第一架交付使用;1982 年 6 月,270 架全部改装完毕,整个改装工作历时 4 年,耗资 6.5 亿美元。

该机自问世以来,先后参加越南战争、中东战争、海湾战争、伊拉克战争的空运行动,在海湾战争期间,共飞行 37000 架次,其中有 90% 的架次能准时抵达目的地。自 1965 年以来,它一直是美国战略运输机的中坚力量,参加过许多战争,为美国空军迅速向全世界部署军队和保证供给提供了最关键的运输能力。在 C-141 运输机的飞行历史上,最引人注目的三件大事是:1969 年,美国"阿波罗"11 号首次人类登月成功后,一架 C-141 运输机将从月球返回的航天员及密封舱从夏威夷运回休斯敦;1973 年 2 月 12 日,一架 C-141 运输机飞抵越南河内附近的嘉林机场将第一批越战期间的战俘运送回美国;1973 年 10 月,在"赎罪者之战"中,为支援以色列,C-141 飞行员们飞行了 421 架次,运送了 10000 吨设备及供给品。

美国 C-5 "银河"运输机

C-5 运输机

C-5 运输机,绰号"银河",由洛克希德公司研制。该机是美国现役载重量最大的军用运输机,能够在全球范围内运载超大规格的货物,能够将美国陆军、空军和海军陆战队各种重型武器装备运送到全球各地,并能在相对较短的距离内起飞和降落。

冷战时期,随着美国"全球战略"的确立,美军对战略空中机动提出了很高的要求。此时,C-133、C-124 等运输机已接近寿命周期,而 C-141 运输机由于机舱宽度与设计的因素,有 7% 的空降师、22% 的步兵师或 32% 的装甲师的装备无法实施空运,而且这种差距会随着陆军采用更多的重型装备而加剧。

1964 年 3 月,美国空军正式发出设计需求,并将该计划正式命名为 C-5A。其中,要求新设计的运输机装有 4 台涡扇发动机;巡航速度不低于马赫数 0.77;携带 50 吨货物时飞行距离 9900 千米,100 吨时 4860 千米；货舱宽 5.3 米，前后直通，能够前后同时装卸货，并且能够执行空投任务。

1964 年底，美国空军将机体设计交给波音、道格拉斯与洛克希德公司，发动机交由通用电气公司和普雷特·惠特尼两家公司。1965 年 9 月，洛克希德公司胜出。1968 年 6 月，C-5 原型机首飞；1970 年 6 月，开始装备部队。C-5 运输机共有 C-5A、C-5B、C-5C、C-5M 等型号。其中，C-5A 是最早的 C-5，1969 年到 1973 年共生产 81 架；C-5B 是 C-5A 的改良版，1986 年至 1989 年共生产 50 架；C-5C 是临时修改版，只生产两架，装备美国国家航空航天局；C-5M 是最新升级版，加装有全球空中交通管理系统、新型液晶显示器、导航与自动安全装置、新型自动驾驶系统等设备，首架于 2002 年 12 月 21 日交付使用。

C-5 运输机采用悬臂式上单翼，机身采用蒙皮、长桁和隔框组成的半硬壳式破损安全结构，截面呈 8 字形。货舱为首尾直通式，驾驶舱下面的机头罩可向上打开，能从前后货舱门同时装卸货物。机上装有货物空投和伞兵空降设备，既可空投货物，也可空降伞兵。从 1995 年开始，美国空军对 C-5 开始为时 14 年的改进，主要改进自动驾驶和平显、GPS 导航及发动机高压叶片、飞机照明、电气及相关系统，以及发动机的动力操纵系统、起落架、襟翼和缝翼的耐腐性及抗疲劳性等，以提高飞机的整体综合性能。在 C-17 服役前，C-5 是美国空军战略运输的主力机种，也是使用最广泛的一种战略运输机。

美国 C-17 "环球霸王" Ⅲ 运输机

C-17 运输机

C-17 运输机，绰号"环球霸王"Ⅲ，由道格拉斯公司研制。该机集战略空运和战术空运能力于一身，是目前世界上唯一可以同时适应战略和战术任务的运输机。

1980 年 2 月，美国空军提出 C-X 重型运输机的需求草案，要求新的运输机在担负起战略运输任务的同时，还要具有和 C-130 一样的短距起降能力，能够运载美国陆军和海军陆战队所有装备，包括 AH-64 攻击直升机和 M1 主战坦克。

1981 年 8 月 28 日，美国空军宣布在波音、洛克希德和道格拉斯公司提交的方案中，最终选定道格拉斯公司。1982 年，美国空军拨出部分款项用于 C-X 的设计工作，并赋予编号 C-17。1984 年，C-17 完成基本设计。

1985 年 12 月，道格拉斯公司获得总金额 34 亿美元的研制经费，C-17 进入真正的开发阶段。1993 年 5 月，第一架 C-17 开始交付使用。由于研制计划的拖延，C-17 首次形成作战能力的时间由 1992 年 4

月延后至 1992 年 9 月，后又延至 1993 年 5 月，最后又延至 1995 年 1 月，比原计划拖延了 3 年。

该机满载不空中加油时航程为 4428 千米，空载转场航程 8700 千米，空中加油后最大航程 11600 千米，起飞距离 2316 米，可在 915 米长的简易跑道上着陆（使用反推力装置）。

C-17 是第一种能够较好兼顾战略空运与战术空运的运输机，装备部队后产生了良好效益。一是提高了空运辐射的广度和深度。该机的降落距离只需 900 米，从而可以将美国的战略机动部队运抵全球范围内 6000 个以上机场着陆，仅在中东，它可使用的机场就比 C-5 或 C-141 多 1 倍，大大提高了美军空中机动作战的广度和深度。二是提高了战略空运能力。该机飞得更远，载重量更大，无疑将提高战略运输能力。三是提高了重型武器装备的空运能力。C-5 虽然比 C-17 最大载重多 40 吨，由于机舱设计的问题，不能运载美国陆军装备的一些体积大的武器，武器的装载率只有 95%。C-17 由于采用了比 C-5 的机身更宽的设计，是唯一能够装载并空投陆军新型超大型战车的飞机。一次空运 5 吨载重卡车可两辆并列，吉普车可 3 辆并列，可装运 3 架 AH-64A 攻击直升机，可装载"亚伯拉罕"坦克、"布雷德利"装甲运兵车、"爱国者"导弹发射装置等大型武器装备，可空投 27～50 吨重的货物。C-17 的有效载重是 C-141 的 2 倍以上，而且更适宜运载大型装备。

俄罗斯安-12"幼狐"运输机

安-12,绰号"幼狐",由苏联安东诺夫设计局研制,是在安-10基础上发展而成的军民两用中型运输机,其规格、尺寸、性能与美国C-130"大力神"运输机基本相当。

安-12曾是苏联运输航空兵的主力机型,1957年3月首飞,1958年投入批量生产并交付使用,1973年停产,总共生产900多架,其中民用型约200架,从1974年起逐渐被伊尔-76取代。从1958年到1972年底,分别有伊尔库茨克39工厂、沃罗涅日64工厂和塔什干84工厂参与生产安-12系列运输机,并最终有1243架各型安-12走下生产线。这其中塔什干84工厂完成了83批次共830架的制造工作。随后该厂转产伊尔-76大型运输机。

可以说,安-12开启了苏联空军军事运输航空兵的涡轮发动机时代,其逐步替代了里-2和伊

安-12运输机

尔 -12/14，并承接了安 -22、伊尔 -76 乃至安 -124 的过渡期。即使在部队已然换装这些大型运输机后，安 -12 依然以日常勤务机的身份对它们进行保障。原本苏联计划采用安 -70 来替代日益老化的安 -12 机队，然而苏联的解体使得这一切成为泡影，至今仍有几十架安 -12 还站在自己的最后一班岗上，为俄罗斯空天军贡献自己最后的余温。除了在军用领域应用广泛外，许多退役的安 -12 被改为民用运输机，广泛服役于几十个国家和地区。此次疫情期间便有一架属于乌克兰的 57 岁高龄安 -12BP 运输机飞赴上海浦东国际机场拉运物资。

除了承担货运任务，安 -12 还作为重要道具出演了许多电影。其中最令人印象深刻的要数尼古拉斯·凯奇出演的《战争之王》里，那架为躲避国际刑警追查而迫降荒地并被当地人在一晚上肢解的安 -12 了。

该机主要型号有：安 -12 标准型（安 -12BP），按军用运输机设计使用，尾部装有炮塔；安 -12 客货混合型，主要用于民航运输，除载货外，还可载 14 名乘客；安 -12 电子情报搜集机，机身下两侧增加 4 个泡形雷达整流罩；安 -12 电子对抗型，机头和垂尾内增加了电子设备舱，外面有整流罩；安 -12 北极运输型，主要适用于北极雪地和高寒地带，机身下装有雪上滑橇，载重性能与标准型一样。

安 -12 在安 -10 民航客机的基础上对后机身和机尾进行了重新设计，机身尾部上翘，尾舱门放下为货桥，收起与左右两块壁板一起组成机尾舱门。尾舱门可以在飞行中打开，进行空降和空投。

俄罗斯安-32"斜坡"运输机

安-32,绰号"斜坡",是苏联在20世纪70年代中后期安-26基础上研制的一款高性能中型战术运输机。70年代初印度空军的美制C-119运输机已严重老化,全部需要进行更换,为此印度方面提出了可在高海拔机场(4500米)及热带机场(50℃)顺利起降的高性能战术运输机招标方案。安东诺夫设计局以安-26高原改进型参与竞标并最终获胜,苏联国内也于1975年正式授权该设计局进行安-26高原型的研发,并赋予安-32的编号。该机于1976年首次试飞,1977年在巴黎航空展览会展出。1977年安-32曾到印度喜马拉雅山地区给印空军做飞行表演。安-32的生产制造从1982年一直持续到了2012年,这期间共

安-32运输机

生产了 385 架各型安 -32。印度作为该机型的最初客户接收了 118 架。而苏联控制下的阿富汗也在 80 年代中后期接收了 75 架，成为该机型的第二大用户。苏联民航部门和苏联空军一开始对安 -32 都不感兴趣，反倒是苏联机械工程部和航空航天部对其情有独钟，共采购了不下 90 架。随后苏联空军终于转变了态度，终于在 1988 年定购了一批安 -32，然而飞机尚未到手苏联就解体了，这批飞机后来被用于出口，换取外汇。

安 -32"斜坡"短程运输机最大特点就是坚固耐用，特别适合在较差条件下使用，所以也特别受第三世界国家欢迎。早在 20 世纪 80 年代中期，苏联就开始对安 -32 进行宣传，在 1985 年高调地创造了空载飞至 12010 米、载重 5 吨飞至 11230 米等 14 项世界飞行纪录。在 1986 年该机还飞赴非洲，历时一个半月途径 12 个国家，进行了约 100 次飞行演示，累计飞行 92 小时，航程超过 38000 千米。宣传最终取得了应有的效果，最终有来自安哥拉、亚美尼亚、南非、肯尼亚、摩尔多瓦的多家航空公司选购了安 -32，并支撑着基辅的飞机生产线一直运转到了 2012 年。

现在印度空军和阿富汗空军依然保有数量众多的安 -32 运输机并依旧将其作为主力中型运输机。而原属于苏联的安 -32 则主要分给了俄罗斯和乌克兰。值得一提的是，这些安 -32 没有一架是属于俄罗斯空天军和乌克兰空军，而是大多属于俄罗斯各部委及乌克兰的安东诺夫航空公司，现大都具备飞行能力。至于非洲大陆上大多数的安 -32 则依然在勤勤恳恳扮演着搬运工的角色。

俄罗斯安-124"鲁斯兰"运输机

安-124运输机,绰号"鲁斯兰",北约绰号"秃鹰",由苏联安东诺夫设计局研制。在苏联解体后,安东诺夫设计局划归了乌克兰。目前,全球共有三家企业生产安-124,分别是俄罗斯的伏尔加-第聂伯公司、波莱特公司和乌克兰的安东诺夫航空公司。

作为20世纪80年代世界最大的战略重型运输机,安-124的最终诞生离不开两位前辈运输机的大力协助。伊尔-76为其测试了全新的D-18T涡扇发动机,而安-22则承担起了导航控制系统的测试任务,又承担了大尺寸机翼构件的运输任务。第一架安-124终于在1982年10月出厂,并于10月24日完成首飞,随即开始各项测试。进行飞行测试的同时自然也少不了创造新的世界纪录。该机于1985年创造载重171219千克物资,飞行高度10750米的纪录,打

安-124运输机

破了由 C-5 创造的载重高度世界纪录。以后它又创造了 20 多项世界飞行纪录。安 -124 是使用复合材料最多的运输机。1986 年 1 月，安 -124 交付苏军使用；1987 年全面投产。1987 年，一架安 -124 又创造了世界纪录，在 25 小时 30 分钟内飞行 20151 千米，打破了 B-52H 的纪录。

1988 年安 -124 具备初始作战能力后，随即被派至阿富汗接替安 -22 执行任务，依靠巨大的货舱容积和承载能力，其承担了从米 -24 武装直升机到坦克装甲车辆等军事物资的转运工作，为苏联顺利从阿富汗撤军立下了汗马功劳。在执行的各种任务中，比较有趣的是 1990 年，一架安 -124 将 34 辆陆虎越野车及替换零部件从英国范堡罗飞至俄罗斯远东布拉茨克，用以参加在西伯利亚巨型的"骆驼杯"拉力赛。

安 -124 起飞重量高达 405 吨，约为 C-17 的 2 倍、C-5 的 1.25 倍、安 -22 的 1.875 倍。安 -124 是名副其实的空中巨无霸，常用于运输飞机机身、火车车厢以及大型战略物资。苏联解体后，该机主要租赁给各国客户，用来运输超大、超重货物，据称每飞行小时的租赁费用为 6000～8000 美元。2002 年 12 月，广州地铁二号线首次通车时，还曾租用安 -124 运送德国新型列车前往广州。

安 -124 至今仍活跃在世界各个角落，成为当今世界航空运输领域不可或缺的一部分。在此次新冠肺炎疫情中，四处奔波的安 -124 宛如一艘艘希望之舟在为各国转运急需的医疗物资，因而再一次成为全世界媒体的关注焦点。

俄罗斯安-225"梦幻"运输机

安-225，绰号"梦幻"，由苏联安东诺夫设计局研制，最大起飞重量640吨，是迄今为止全世界最大的运输机，也是迄今为止机身长度最长的飞机，生产数量只有2架。

1985年春季，为了满足搭载"暴风雪"号航天飞机和其他火箭设备的需要，苏联决定研制一种超大型运输机。1985年中期，安托诺夫设计局展开设计工作。由于时间有限，安-225是以安-124为基础，通过延长机身，增加发动机数量，改变尾翼形式等方式而研制的。1988年12月21日，原型机首飞；随后又是各种飞行测试和创造世界纪录，携带150吨载荷的安-225轻松完成了各种速度及高度纪录，轻松碾压其他任何航空器。1989年5月13日，首次进行了

安-225运输机

背负"暴风雪"号航天飞机的飞行。1990 年安 -225 将一辆车里雅宾斯克拖拉机厂生产的世界最大的、重达 110 吨的 T-800 重型拖拉机,从车里雅宾斯克直飞 4000 多千米顺利送达雅库特。

改进后的安 -225 于 2001 年 5 月 7 日完成首飞,自此世界唯一的超级运输机以全新的面貌回归蓝天,并"顺手"在当年 9 月 11 日运载 253.82 吨货物完成 1000 千米闭合航线飞行,创造了一个全新的世界纪录。

那么安 -225 与 C-5 相比呢?大家都知道,美国的 C-5 在极限情况下可运载两辆 M1 主战坦克。而安 -225 在 2015 年装载了 4 辆 T-72 主战坦克从捷克直飞尼日利亚,并且还连飞了 4 个来回总共运了 16 辆坦克。虽然 T-72 坦克仅为 41 吨,M1 坦克则在 60 吨上下,但如果计算一下总吨位数,就可以发觉安 -225 的强大载重能力足以使得 C-5 兴叹。

2020 年 4 月 13 日,刚完成 18 个月大修的安 -225 又飞起来了。它横跨整个亚欧大陆,降落到了天津滨海国际机场,承运波兰政府订购的防疫物资。2022 年 1 月 22 日,安 -225 在天津降落,运送防疫物资出境,这也是它最后一次飞抵中国。2022 年 4 月 3 日,安 -225 在俄乌冲突中被毁,世间再无"梦幻"了。

俄罗斯伊尔-76"耿直"运输机

伊尔-76,绰号"耿直",是苏联伊留申设计局研制的四发中远程重型运输机。该机主要用于运送步兵和轻装甲部队,可在简易的前线机场起降。此外,还可以执行伞降任务,可空投货物或经过妥善包装的军用车辆。

该机研制计划始于20世纪60年代末。由于当时的主力机型安-12载重量过小以及航程不足,为了提高军事空运能力,苏联决定研制一种航程更远、载重更大、速度更快的新式军用运输机。

1971年3月25日,第一架原型机在莫斯科中央机场首次试飞;1971年5月27日,在第29届巴黎国际航空博览会上公开展出;1974年,通过苏联空

伊尔-76运输机

军航空运输司令部验收鉴定；1975年，开始投入批量生产并交付苏军部队和民航。

　　为了保证在前线简易机场跑道起降，伊尔-76采用了液压可收放前三点式多轮低压轮胎起落架，共20个机轮。该机装有自动飞行操纵系统计算机和自动着陆系统计算机等全天候昼夜起飞着陆设备，以及大型气象和地面图形雷达、雷达告警接收机、箔条红外诱饵发射装置、外挂电子对抗吊舱等电子对抗设备。其中，军用型运输机的尾部还装有炮塔，装有2门带雷达瞄准的23毫米航炮。为了方便战时征用，甚至部分民用型的伊尔-76上也装有这一火炮系统。该机不仅可以运输货物，还可改装为载人运输机，也可以改装为医用飞机。但该机的缺点也较为明显，由于货舱宽度有限，以至于俄罗斯主战坦克必须拆除侧裙板才能装进货舱内。

俄罗斯伊尔-112V 运输机

苏联解体后，在全球各地发生的安-26 运输机坠毁事故不少。2010 年俄军启动了安-26 运输机替代计划，其产物就是伊尔-112V 运输机。

2019 年 3 月 30 日，备受期待的伊尔-112V 原型机成功进行了首飞，俄罗斯军方计划用这款轻型运输机取代日益老化的安-26 和安-24 运输机。其实，伊尔-112V 项目很早就开始了，但在 2003 年俄罗斯国防部选择该运输机作为下一款轻型运输机之前，项目停顿了很长一段时间。另一障碍出现在 2010 年，当时俄罗斯国防部暂停伊尔-112V 项目的资金，并选择了另一种机型——乌克兰的安-140 轻型运输机。然而，由于众所周知的政治原因和安-140 技术上未能达到预期，因此伊尔-112V 在 2013 年获得第二次生机。伊尔-112V 是俄罗斯从零开始设计的首款军用运输机，只使用国产零部件，可运载 5 吨货物。

伊尔-112V 是伊尔-112 的军用升级版，用于替换安-26/32 运输机，该型号在俄乌关系恶化前，因研发周期和成本不如同类型的安-140T 而被放弃过。俄乌交恶后，伊尔-112V 项目获得重生。俄罗斯国防部对该机提出了新的技术指标，整个飞机几乎有 50%是重新设计的。

伊尔-112V 的首飞时间比原计划晚了 2 年。2019 年 3 月 30 日，这架伊尔-112V 试验机完成首飞，一架伊尔-114 伴飞，负责观察试验机的飞行情况并进行数据记录。整个首飞过程中，伊尔-112V 性能表现

伊尔-112V 运输机

良好，但在着陆前，右侧发动机桨距控制出现故障，但没有影响发动机继续工作。首飞后，伊尔-112V 的 135 个问题中 113 项完成归零，这架超重的试验机之后会用于分系统检测。

  伊尔-112V 的定位要求是该机要具备短距起降能力，可在前线野战机场执行运输任务，这使得伊尔-112V 可能要面对更多的对空武器威胁。伊尔-112V 的自我防御系统吸收了"维杰布斯克"及其出口型"总统-S"系统的技术成果，可进行来袭导弹激光照射告警（可探测激光近炸引信）、紫外光探测和雷达照射告警，KRET 称该综合系统可应对至少 2025 年前来自地面和空中的所有威胁。

欧洲 A400M "灰熊" 运输机

A400M 运输机，绰号"灰熊"，由欧洲空中客车公司研制。1982 年，法国宇航、英国宇航、德国梅塞施密特-伯尔科-布洛姆公司与美国洛克希德公司组成联合工作小组，准备研制新型飞机，用来替换 C-130、VC-10 和 C-160 军用运输机，并将这种新型飞机称为"未来大型军用运输机"。1987 年，意大利和西班牙也加入该计划。

由于对飞机的性能指标存在一定的分歧，加之美国正在开发 C-17 运输机，洛克希德公司中途退出。此后，法国、英国、德国、意大利、西班牙 5 个国家组成了欧洲未来大型军用运输机合作体，并将其改名为"未来大型军用运输机"，最后的总装工作由西班牙的空中客车军事公司负责。

1995 年 6 月 14 日，空中客车军事公司宣布成立。1996 年，该机开始预研制。1998 年，进入全面研制和生产阶段。2005 年 1 月，空中客车开始为飞机切割第一块金属板。2007 年，开始组装。2009 年 12 月 11 日，第一架原型机完成首飞。2013 年 3 月 6 日，第 6 架同时也是第一架量产型 A400M 进行了首飞。2013 年 8 月 1 日，第一架 A400M 终于交付法国空军。

为了减轻飞机的重量，A400M 采用了先进的结构设计与较高比重的复合材料。复合材料占结构重量的比例达 35%～40%，其中机翼部分的比例高达 85%，开创了使用复合材料为主要材料制造大型运输机机翼的先例。由于采用碳纤维制造，机翼重量是同等强度铝合金机翼的 75% ~ 80%，且不会出现金属疲劳。为了增强飞机的战场生存能力，在机身的重要部位还加装有装甲防护装置、防弹玻璃窗，采用了发动机红外热信号抑制技术、燃油系统中的惰性气体抗燃爆技术等。

A400M 运输机

  A400M 采用"宽体化"货舱设计，货舱长 23.2 米、宽 4 米、高 3.85 米，货舱容积达 356 立方米，比 C-130J 的货舱容积多出 2 倍，比 C-141 运输机的货舱还要大得多。机身后部装有一台最大起吊重量为 5 吨的起重机，货运员可用一个手持式遥控装置操纵这台起重机，用来吊装所有军用货盘和散装货物。A400M 的装载能力非常出色，货舱内可以前后串列，安放 2 架"阿帕奇"或 1 架"超美洲豹"直升机；装运 1 门 M109A6 自行榴弹炮或 3 辆 M113 装甲输送车；搭载 120 名全副武装的士兵或伞兵；运载 9 个 2.235 米 ×2.743 米的标准集装箱，或采取货盘在中间、人员靠舱壁乘坐的布局混合装运 9 个货盘和 57 名兵员。执行战场救护任务时，可同时运送 66 副担架和 10 名医务人员。此外，机上还留出一块地方作为特殊医务处理区，可作为临时手术间。该机于 2020 年 5 月获得了自动低空飞行能力的认证，为军用运输机提供了特殊级别的能力，达到了一个新的里程碑。

乌克兰安 -70 运输机

安 -70 是乌克兰安东诺夫航空科学技术联和体设计的 4 发桨扇中型宽体军用运输机。该机研制经费俄罗斯占 75%，乌克兰占 25%，于 1975 年开始研制，20 世纪 70 年代出现了世界性石油危机，迫使航空部门寻找更加节油的途径。经过研究探索发现，节油潜力最大的措施之一是重新起用螺旋桨。当时，高速空气动力学的研究成果已经可以解决螺旋桨亚声速飞行时曾经遇到过的矛盾。例如，增大桨尖的后掠角、减小桨叶厚度和展弦比、采用超临界翼型的剖面等技术都可以有效降低压缩性阻力；复合材料又可以保证薄且宽的桨叶有足够的强度和刚度；螺旋桨的直径小一些，可以降低桨尖的圆周速度。但螺旋桨的直径小了，它的功率载荷就要增大。这个问题可以用增加桨叶数目的办法来解决。于是，螺旋桨风扇的外形就被塑造成散热风扇或船舶的推进器的样子。桨扇发动机在飞行速度为马赫数 0.8 时，效率约为 0.8。与涡轮风扇发动机相比，可以节省油料 20% ～ 40%；飞机的起飞距离还可以缩短 20% ～ 30%。这项新技术的研究首先从美国开始，英国、法国、日本都不甘落后。然而，乌克兰却捷足先登，首先研制成功安 -70 军民两用运输机。

安 -70 运输机采用大展弦比梯形机翼，上单翼布局，超临界翼型。开缝式前缘、缝翼、双缝后退式襟翼，能够充分利用螺旋桨的滑流，使飞机在起飞着陆时的升力系数接近 5，起降性能好，且具有短距起降性能。机翼上装有 4 台 D-27 型介于涡轮风扇和涡轮

安-70运输机

螺旋桨发动机之间的桨扇发动机。每台功率10290千瓦。机身结构采用破损—安全准则设计，使用强度高、抗疲劳、耐腐蚀的材料，大量使用塑性成型等方法，提高结构的强度和寿命。复合材料约占全机结构重量的25%。起飞滑跑距离（最大起飞重量）1800米，着陆滑跑距离1900米，航程（载重30吨，最大起飞重量）5530千米。运送兵员时把货舱用预制隔板隔成上下两层，可容纳300名武装士兵或260副担架，可空投车辆、弹药等，还可用于空降作战时空投伞兵。

该机1994年12月首飞，由于设计上的缺陷，第一架原型机于1995年2月10日第四次飞行时与伴飞的安-72飞机相撞而损失。2001年1月26日，一架安-70运输机从鄂木斯克机场起飞到空中大约50米时，突然进行了迫降，然后轰隆一声栽到离机场不远处的一片白皑皑的田野雪地上。第二天，电视画面向人们展示了折断的飞机：起落架折了，机身断了，但油箱没有被震坏。事故迫使俄罗斯中断了与乌克兰的合作，并撤销了原计划用以替换安-12运输机采购500架飞机的计划。

"悬空油库"加油机

加油机是给飞行中的飞机或直升机补加燃油的飞机，通常由大型运输机改装而成，在部队编成上，大都隶属于运输航空兵。经过空中加油的飞机飞得更远，可以有效地扩大战场的空间范围，因此，人们将加油机称为战场"放大器"。第二次世界大战后，空中加油机首次在越南战争中大规模应用。

翻开历史不难发现，很多伟大的发明都是源自人们的一些异想天开的美妙想法。空中加油技术也如此。1921年12月11日，美国人韦斯利·梅做出了一个胆大妄为的举动，将一个汽油桶绑在背上，从一架"林肯标准"型飞机的机翼上，爬到另一架与其几乎没有间隔的保持紧密编队飞行的JN-4"珍妮"型飞机的翼尖滑橇上。然后，再爬到JN-4的发动机处，取下油桶，将汽油倒进油箱，完成了人类史上第一次空中加油。韦斯利·梅的成功，有力地促进了人们进行更为大胆和现实的空中加油活动。1923年，美国飞行员史密斯和里克斯用两架DH-4B飞机首次进行了空中加油试验，从此揭开了飞机空中加油的历史。1929年，一架C-2型飞机经过43次空中加油，创造了滞空150小时40分15秒的世界纪录。

1948年底，美国空军从英国购买了全套空中加油设备，美国波音公司也研制出硬管式（伸缩套管式）空中加油设备。美国空军决定选择合适的飞机与空中加油系统研制专用的空中加油机。波音公司承担了研制任务后，采用当时技术比较成熟的软管式空中加油系统，很快将正在淘汰的B-29和B-50轰炸机改装成KB-29M和KB-50空中加油机。交付使用后，美国空军于当年6月30日组建了最早的两个空中加油机中队。这两种空中加油机的研制成功并装备使用，标志着空中加油机的诞生。空中加油机的使用，首要的是增大了受油飞机的航程或滞空时间。经过计算和试验，美国、英国、法国的军用飞机经过一次空中加油，航程可增加30%；经过两次空中加油，可增加70%。俄罗斯的苏-24经过一次空中加油，作战半径可增加85%～90%；在攻击前进行一次空中加油，作战半径可增大135%～180%。

美国 KA-6D 加油机

KA-6D 加油机,由 A-6 "入侵者" 舰载攻击机改装而成。该机拆除了 A-6 机上的航空电子设备,代之为加油软管和控制设备,成为美国海军的标准舰载加油机。KA-6D 不仅可以执行海上空中加油任务,也可以执行海上救护和夜间攻击任务。

为了取代老式的 KA-3B 加油机,美国海军决定对 78 架 A-6A 和 12 架 A-6E 舰载攻击机进行改装,主要是将机内的导航系统移出,取而代之的是在机身内加装一套内载供油系统,作为空中加油机使用,并于 1966 年 5 月 23 日进行了首飞。

开始时,格鲁曼公司在 A-6A(机号 147865)进行了"伙伴"空中加油吊舱的改装尝试。此外,还在另一架机号为 149937 的 A-6A 上安装了内置式空中加油套件。但由于军方需求不大,导致这两个项目没有继续下去。

1968 年,美国海军授权格鲁曼公司在 A-6 舰载攻击机的基础上研制 A-6 的空中加油型,编号为 KA-6D。首架量产型 KA-6D 由 A-6A(机号 151582)改装而成,于 1970 年 4 月 16 日进行首飞,1970 年 9 月 25 日装备部队。按照美国军方要求,每个 A-6 舰载攻击机中队应装备 3～4 架 KA-6D 空中加油机,用于进行"伙伴"加油。KA-6D 拆除了原来的两个机身隔板,换装了全新的内部油箱,并且对外翼段进行了大量的改装,拆除了领航员和轰炸员的座椅,整架飞机进行了重新布线,增加了由 ASN-41 导航计算机

KA-6D 加油机

控制的"欧米茄"全球惯性导航系统。

该机共有一个加油点,机上装有内置式绞盘软管式加油套件,后机身下方增加了用于容纳锥套的漏斗形整流罩,机内载油 7230 千克。除此之外,该机还可在机腹挂架挂载 D-704 加油吊舱。D-704 此时作为内置加油系统的备份,由吊舱头部的冲压空气涡轮提供动力。在典型任务中,KA-6D 在机翼挂架挂载 4 个副油箱,有时也在机腹挂架增加一个 D-704 吊舱作为备份。该机最大载油量 11525 千克,最大供油量 9500 千克。

空中加油任务结束后，KA-6D经常发生软管被卡住无法收回机身内的危险。而一旦发生这种险情，就意味着KA-6D的着舰钩无法伸出着舰。此时，KA-6D必须迅速找到陆基机场，否则乘员只能弃机弹射。后来，为了避免飞机损失，KA-6D加装了紧急爆炸切割装置，一旦出现上述情况，便可将软管切断抛入海中。

KA-6D拆除了A-6上的所有武器系统，但保留昼间目视轰炸能力，座舱内副驾驶位置仅保留必要的控制开关，该名乘员的角色也由导航/轰炸员转变为空中加油操作观察员。虽然KA-6D理论上能够进行昼间轰炸，但从未执行过轰炸任务，而是搭载4具大型副油箱为攻击机提供空中补给服务。

美国 KC-130 加油机

KC-130J 加油机

KC-130 加油机是在 C-130 运输机基础上发展而来的。该机由洛克希德公司研制,主要装备美国海军航空兵和美国海军陆战队,共有 KC-130F、KC-130R、KC-130H、KC-130T、KC-130P(为直升机加油)、KC-130J 等型号。

KC-130F 以 C-130B 的机体为基础,最初编号 GV-1。1960 年 1 月 22 日,第一架生产型 KC-130F 首飞。1960 年 3 月,开始交付美国海军陆战队,采购数量 46 架。该机增加了一个 13627 升可拆卸的机身油箱和两个设备吊舱,燃油输送率达到 1136 升 / 分钟。此外,还可以输送自身的剩余燃油。

KC-130R 由 C-130H 改装而成,改装数量 20 架,主要装备美国海军航空兵。该机加装有 10296 升的外挂油箱,货舱中增加了 1 个 13600 升可拆卸油箱,最大载油量 36296 千克,最大可供油量 23587 千克,加油高度 7600 米,加油半径 1850 千米。该机的左翼外侧可挂 4 枚"地狱火"反坦克导弹,内部机尾舱门可安装 10 枚精确制导炸弹,可担负火力支援任务。

KC-130H/T 在 C-130H 的基础上改进而成,主要用于出口。该机在油料转输能力和起飞重量等方面与

KC-130R 相似，但更换了雷达等机载电子设备，机身有所加长，人员及货物装载能力有所增加。美国海军陆战队分别于 1991 年 10 月和 11 月采购两架 KC-130T 加油机。KC-130J 是 KC-130 空中加油机的最新型，绰号"收割鹰"。该机在飞行、操作性能和战场生存能力等方面均比早期的机型更为先进。2001 年 8 月 31 日，首批 3 架交付美国海军陆战队。

KC-130J 采用软管加油方式，机身油箱容量 11000 千克，不载油时可用来载运货物；机翼和外挂油箱可载油 28000 千克，而 KC-130F 只能载油 18000 千克，约为 KC-130J 的 2/3。机上装有两套加油设备，在不使用机身油泵时，每分钟可加油 1000～1300 升。该机不仅可以为 F/A-18、AV-8B 战斗机，以及 CH-53E 直升机和 MV-22B "鱼鹰"飞机加油，还可以为地面车辆和直升机紧急加油，在地面加油模式下每分钟可加油 1825 升。

KC-130J 机组成员由早期型号的 6 人减为 4 人，除了具备空中加油外，还可以用于人员和货物运输，可运送 92 名乘员或 64 名伞兵，或 6 个货物托盘，或 74 名伤员和 2 名医护人员，或 2 辆卡车，或 1 辆 M113 装甲输送车。

当不加油时，KC-130J 还可以担负对地攻击任务。该机加装有 1 门 30 毫米机炮、两套箱式舱内导弹发射装置、一套红外/电视成像目标定位系统，可携带 4 枚"地狱火"反坦克导弹或 4 枚"蝰蛇"制导炸弹或 10 枚"狮鹫"空地导弹。

美国 KC-135"同温层油船"加油机

KC-135 加油机,绰号"同温层油船"。该机在 C-135 军用运输机基础上改进发展而成,最初设计的目的主要是为美国空军的远程战略轰炸机进行空中加油,后来也可为美国空军、海军、海军陆战队的各型战机进行空中加油。

该机于 1956 年 8 月 17 日首飞,1957 年正式装备部队,采用的是伸缩套管式(硬管式)加油方式,由机外伸缩主管、伸缩套管和 V 形操纵舵组成。平时伸缩管长 8.5 米,加油全部伸出时 14.3 米。该机输油率很高,每分钟达 975~1690 升,一架飞机可以给多个飞机加油。经过空中加油后,B-52 战略轰炸机的续航时间可延长 4~6 小时。

KC-135 加油机

1991年1月17日下午，美国空军的两架KC-135加油机在伊拉克境外不远处飞行，等待着执行空袭任务归来要求加油的飞机。KC-135加油机突然接到E-3A空中预警机的通报，有4架F-16战斗机正从伊拉克中部纵深地区返回，燃料都快用尽，其中一架还受了伤，万分危急。两架KC-135加油机立即向北进入伊拉克领空，搜寻亟待救援的F-16飞机。加油机没有战斗机护航，冒险深入伊拉克纵深，发现了等待加油的4架F-16。这时，带队长机一声令下，4架F-16迅速解散，分别飞向两架KC-135加油机，就像嗷嗷待哺的4个婴儿，直扑母亲的怀抱。几分钟之后，加油完毕。F-16战斗机座舱里的指示灯告诉飞行员：可以脱离。4架F-16很快都加满了油，在长机的带领下，编队飞回了基地。KC-135型加油机是世界上最早装备使用的喷气式空中加油机，也是美国空军的主力加油机。

为了提升该机的综合性能，美国空军先后对其进行多次改进。改进后，该机可使用不同的数据链在战区内相互通信联系，其信息收集、传递和发送能力明显增强，加油效率极大提高。2003年伊拉克战争中，KC-135为配合英军的"狂风"战斗机的空中加油需要，又增加了两个软式加油吊舱。海湾战争中，美国空军共部署了262架KC-135，共出动了23000架次，给69000架次飞机进行空中加油。除了天气因素影响外，该机没有耽误过空中加油，可遂行任务率达到90%以上。另外，KC-135还进行了913次空中运输任务。

美国 KC-10 "补充者" 加油机

KC-10 加油机，绰号"补充者"，由麦克唐纳·道格拉斯公司在 DC-10-30 型运输机的基础上改装而成。该机于 1978 年开始研制，1980 年 7 月 12 日首飞，1981 年 3 月 17 日首次交付，1990 年 4 月 4 日 60 架全部交付完毕。其中有一架于 1987 年 9 月 15 日因漏油爆炸被毁。

该机主燃油系统中可储存 108062 千克燃油，机舱内可装载 53000 千克燃油，由于两者是相通的，全机实际上可载燃油达 161 吨，接近 KC-135 的 2 倍。由于其载油量目前居于世界首位，因此，人称"空中油库"。

KC-10 有 3 套加油设备，可同时给 2～3 架飞机加油，飞桁式输油速度 4180 升/分钟，浮锚式输油速度 1786 升/分钟，最大加油速度 5680 升/分钟，加油高度 11278 米，加油时飞行速度 324～695 千米/小时。通过美军 3 万多个飞行小时和 10 万次空中加油试验，该机起飞成功率达 99.3%，单机任务完成率达 99.6%，综合任务完成率达 89.7%。

除了能够担负空中加油任务外，KC-10 加油机还能够执行运输任务。该机驾驶舱后方的货舱内可装载 27 个货盘共 76843 千克货物，或 17 个货盘及 75 名乘客。

该机 1981 年 3 月正式服役，共生产 60 架，除 1986 年损失 1 架外，都在役。在海湾战争中，美军出动了其全部的 KC-10，为各类飞机执行空中加油。它是"沙漠盾牌"行动中首批出动的飞机之一。

KC-10装备有两套输油装置,可为美国空军、海军及北约各型飞机加油,其加油速度比KC-135快65%,可同时为3架飞机加油。另外,它的适应性也特别强,能在严寒地带进行空中加油。

在美军发动的锡德拉湾长途奔袭中,美军绕道法国和西班牙西部,由直布罗陀海峡进入地中海,往返行程1万多千米。在途中,美军飞机有空中加油机一路保驾,保证了任务的顺利完成。这其中,KC-10增程加油机更是功不可没。

KC-10是当今世界上功能最全、加油能力最强的空中加油机。KC-10A原型机于1980年7月12日首飞,同年10月30日完成首次空中加油试验,次年3月17日正式交付美国空军。除用于空中加油外,KC-10还可用作战略运输机使用,其载货量可达77吨,可以在为战机加油的同时,向海外基地投送士兵和物资。据统计,KC-10加油机可为美军提供12%的成建制空运能力。

KC-10A加油机

美国 KC-767 加油机

KC-767 加油机在波音 767-200ER 型客机的基础上发展而成。20 世纪 90 年代末,由于早期生产的空中加油机陆续达到退役年限,美国军方决定开发一种新型的空中加油机。2002 年 3 月,经过与空中客车公司生产的 A-330 空中加油机比较后,美国军方认为虽然 A-330 机体较大,但可携带的燃料并没有增加,而且运营成本较高,决定选择波音 KC-767。2003 年 11 月,美国空军宣布购买 80 架 KC-767,并向波音公司租用 20 架。

KC-767 加油机

然而,由于定购过程中的贪污行为被曝光,美国国防部于 2006 年 1 月宣布取消 KC-767 定购合约。失去美军的订单后,波音公司继续独自发展 KC-767。其实,早在 2001 年,意大利和日本就已表达出购买 KC-767 的意向。2002 年 12 月 11 日,意大利与波音公司签署协议,购买 4 架 KC-767,命名为 KC-767A,用于取代本国的波音 707-300 空中加油机。由此,意大利成为波音 767 空中加油机的第一个真正客户。

首架 KC-767A 飞机于 2003 年 8 月开始改装,2005 年 5 月 21 日首飞,并于 2011 年 1 月交付意大利空军，目前已全部交付。

2003年，日本与波音公司正式签约订购4架KC-767空中加油机，并命名为KC-767J。2005年6月，首架KC-767J抵达波音威奇托工厂开始安装加油机设备，并于2008年2月19日交付日本，余下3架分别于2008年3月5日、2009年3月和2010年1月交付完毕。

KC-767可携带油料108932升，其中，机翼油箱储存90764升，辅助油箱储存18168升，比KC-135可多加注20%的油料。该机共有4套加油设备，采用硬管加油和软管加油两种加油方式。其中，在机翼两侧下方分别挂装有空中加油吊舱，每个吊舱加油速度1514升/分钟；在机身中部下方装有1套插头套锥式加油系统，加油速度2271升/分钟；机身后部装有伸缩套管式加油吊杆，加油速度2271升/分钟。

KC-767机翼前缘下方装有两台涡轮风扇发动机，最大飞行速度915千米/小时，巡航速度851千米/小时，在最大起飞重量的情况下，可在长2350米的跑道上起飞，能在世界上大约8000个机场起降，而KC-135加油机的起飞滑跑距离长达3657米，只能在228个机场起降。

该机不仅可以作为空中加油机使用，还可用于军事运输。机舱长33.93米，宽4.72米。通过替换机舱内部的舱面地板，可以组合为客运型、货运型、可变换型（旅客或货运型）和混合型（旅客和货运型），可运输19个标准的军用463升集装箱，或200名士兵，或10个集装箱和100名士兵。

俄罗斯伊尔-78"米达斯"加油机

伊尔-78加油机由伊尔-76军用运输机改装而成，绰号"米达斯"。该机由苏联伊留申设计局研制，主要用于给远程飞机、前线飞机和军用运输机进行空中加油，同时还可用作运输机，并可向野战机场紧急运送燃油。

伊尔-78加油机主要有伊尔-78和伊尔-78M两种型号。该机研制工作始于20世纪80年代初期，用来取代米亚-4和图-16空中加油机。其中，伊尔-78型以伊尔-76MD运输机为基础进行改装，1982年开始研制，1984年首飞，1987年正式服役。

伊尔-78兼具空中加油和运输功能，其外形与伊尔-76军用运输机差别不大，主要区别是机身内部增设了两个较大的、可拆卸的金属油箱，左右翼及机尾左侧加挂有加油吊舱，机尾没有安装武器系统，炮手的位置由加油控制员取代。

伊尔-78机组成员7人，最大可供油量65吨，每个吊舱的正常输油量约为1000升/分钟，供油30吨时的空中加油活动半径为2500千米，供油60吨时的空中加油活动半径为1000千米，总体性能比美国的KC-135要先进得多。由于该机货舱内保留了货物处理设备，因此只要拆除货舱油箱，就可担任一般运输或空投任务，最大载重约50吨。

伊尔-78M是伊尔-78的改进型。该机的研制工作始于1984年底。与伊尔-78相比，伊尔-78M则是专业的空中加油机。该机在货舱内加装有第三个油箱，最大可供油量增至106吨；为了提高输油速度，

伊尔-78加油机

以及使加油管避开机身气流,该机采用新设计的L形加油夹舱,输油量提高到2340升/分钟。

伊尔-78M与伊尔-78一样采用"软管"加油方式,装有UPAZ-1"萨哈林"三点式空中加油系统,加油管长26米,可通过机腹加油点为一架重型轰炸机、机翼加油点为两架战术飞机同时进行空中加油,为重型轰炸机加油速度为4000升/分钟,为战术飞机加油速度为2340升/分钟。为了节省重量,伊尔-78M货舱内没有安装货物处理设备,货舱门也无法打开,因此,该机将不再具有运输功能。1987年5月,该机进行试飞;1992年在莫斯科航空展首次对外亮相。

目前,伊尔-78M空中加油机已投入小批量生产,并出口至印度、巴基斯坦等国。该机为苏-24战斗轰炸机加油时,每架飞机加油8000～9000千克,苏-24飞机经过一次空中加油后,其作战半径增加85%～90%,在攻击前、后各加油一次,作战半径可增加135%～180%。

英国 L-1011 "三星" 加油机

　　L-1011 "三星" 加油机，以美国洛克希德公司生产的 L-1011 "三星" 运输机为基础改装而成，由英国剑桥马歇尔工程公司研制，主要装备英国皇家空军，用于空中加油。"三星" 空中加油机共有 9 架，服役于驻扎在布雷兹诺顿空军基地的第 216 中队。1982 年，剑桥马歇尔公司从英国航空公司购买了正在使用的 6 架 "三星" 运输机，于 1983 年开始对其中 4 架进行改装，命名为 "三星" Kmk.1 型空中加油机，并于 1985 年 7 月 9 日首飞。

　　1987 年初，剑桥马歇尔公司对另外两架又进行了改装，命名为 "三星" KCmk.1 空中加油机/货机。20 世纪 90 年代初，剑桥马歇尔公司从美国泛美

L-1011 加油机

公司购买3架"三星"运输机，并将其改装为"三星"Kmk.2空中加油机。"三星"空中加油机在"三星"运输机的基础上主要对空中加油设备、空中受油设备和机身燃油箱进行了改装，Kmk.1、KCmk.1和Kmk.2三个型号的改装工程大体一样。其中，空中加油设备为英国空中加油有限公司生产的MK17T软管绞盘装置和机翼空中加油吊舱。为了避免因一套设备发生故障而影响空中加油，该机装有2套软管绞盘装置，2套装置并列安装在飞机后货舱内的气密箱内。

该机在"三星"运输机的基础上加装2组燃油箱，分别装在地板下层的前、中两个油箱舱内。其中，前舱内的油箱为一组，共有4个油箱；中舱内的油箱为另外一组，共有3个油箱。"三星"空中加油机采用重力加油方式。燃油依靠重力从油箱底一直灌注到集流箱内的增压泵位置，所有油泵全部工作时的最大输油率为908千克/分钟。每个集流箱大约可容纳1000磅燃油，供软管绞盘装置使用。前油箱舱内的燃油通过一个导管输送到软管绞盘装置；中油箱舱内的燃油可以直接供软管绞盘装置使用。此时，油箱里的油料通过软管绞盘装置加注到受油飞机上。该机软管绞盘装置输油率1816千克/分钟。

该机装3台涡轮风扇发动机，最大飞行速度1105千米/小时，9100米高度时巡航速度973千米/小时，最大爬升率12.9米/秒，最大载重航程9899千米，最大载油航程11279千米。空中加油时，飞行速度为333～593千米/小时，飞行高度10675米。

欧洲A330MRTT"凤凰"加油机

A330MRTT加油机，在空客中远程双通道A330-200民用飞机的基础上改装而成。其中，MRTT是多用途加油运输机（Multi Role Tanker Transport）的英文缩写。该机由空中客车公司研制，主要担负空中加油、空中运输和医疗救助等任务。该机长58.8米，高17.4米，翼展60.3米，机翼面积362平方米，空重125吨，最大起飞重量233吨，最大飞行速度880千米/小时，巡航速度860千米/小时，最大航程达14800千米，实用升限13000米。

该机采用了目前所能应用的各种现代技术，总体性能更加先进，空中加油能力更加全面。A330MRTT共有3套加油设备，其中左右机翼下方各安装一套为战斗机加油的软式锥形套管，后机身下方装有一套为大型飞机加油的硬式伸缩套管。因此，该机可根据用户的要求，采用硬管和软管两种不同加油方式，可以分别安装一根伸缩套管或两个机翼吊舱，也可以将两个机翼吊舱与机身中部下方的软管套锥系统或者机身尾部的伸缩套管系统分别组合。

其中，按照英国空军的使用要求，A330MRTT安装的是软管套锥式空中加油系统，包括2个Mk32-905E型机翼吊舱和1个机身加油部件。按照澳大利亚空军的要求，该机不仅装有为战斗机加油用的软管套锥加油系统，还装有为轰炸机和运输机加油用的伸缩套管加油系统。

A330MRTT拥有超大容量的载油能力，机翼内

A330MRTT 加油机

　　油箱的最大载油量达到 111 吨，载油量仅次于美国 KC-10A 加油机，比英国空军的 L-1011 型"三星"空中加油机多 25%，比 KC-767A 加油机多 50%。该机可在飞行 4000 千米期间，为 6 架战斗机空中加油，并运送 43 吨货物；或者可以在飞行 1850 千米、预定空域巡航 2 小时期间，为作战飞机加注 68 吨燃油。

　　A330MRTT 装备的自卫系统包括导弹逼近告警装置、红外干扰系统，座舱和其他重要部位有装甲防护层，可抵御轻武器的攻击。2016 年 9 月，空客防务与空间公司完成了 A330MRTT 结构升级之后的第一次试飞，飞机空气动力学特征改良之后，燃油消耗降低了 1%，航电计算机和其他军用系统升级之后，作战能力也有不同程度的提升。该机被法军昵称"凤凰"。

8

"天际骄子"无人机

无人机是无人驾驶飞机的简称。无人机上没有驾驶舱，机上安装有自动驾驶仪、程序控制装置等设备；可在无线电遥控下像普通飞机一样起飞或用助推火箭发射升空，也可由母机带到空中投放飞行；地面、舰艇上或母机遥控站人员通过雷达等设备，对其进行跟踪、定位、遥控、遥测和数字传输；回收时，可采取像普通飞机一样的着陆方式自动着陆，也可通过遥控用降落伞或拦网回收。与载人飞机相比，无人机具有体积小、造价低、使用方便、对作战环境要求低、战场生存能力较强等优点，可多次反复使用，广泛用于空中侦察、监视、通信、反潜、电子干扰、对地攻击等，备受世界各国军队的青睐。

早在第一次世界大战，无人机就登上了战争的舞台，从最初不起眼的靶机到现在的战场主力先锋，其运用不断颠覆着人们对空中作战的认知。近些年，无人机已经成为情报监视和侦察数据的首要提供者,战场通信中继的重要节点,精确打击的首要成员,蜂群作战的主力军。由于具有多种能力,无人机在未来空战中的地位和作用将显著提升,特别是在作战模式上呈现出新的变化,从而推动或彻底改变未来的空中作战。如果将无人机空中作战的发展过程比作一个翩翩少年,它伴随战争的发展,经历了一段略显漫长的"孕育期"(第一次世界大战至越南战争)、短暂的"婴幼期"(越南战争至海湾战争)和迅速成长的"儿童期"(海湾战争至阿富汗战争),而当前正处于蓬勃发展的"青春期"(阿富汗战争至今)。当前随着人工智能的发展,智能化作战已不是空想。虽然依托无人机系统实施的作战尚处于智能化作战的初级版本,但是已经体现出装备自主化、资源云池化、态势综合化、决策智能化、行动精确化、人机一体化、能力体系化、力量融合化等诸多特点,相对传统作战体系,在信息优势、认知优势、决策优势和行动优势上形成的全面优势已经初步展现。对空中领域而言,无人机作战将会以"无人+"的全新面貌登上战争舞台。

美国 RQ-3 "暗星" 无人机

RQ-3 是美国国防部研制的具有最先进技术水平的高空长航时无人侦察机，绰号"暗星"，也是世界上第一种隐身无人侦察机，属美国"蒂尔"系列长航时无人侦察机发展计划的"蒂尔"Ⅲ型无人机，主要用于突入严密设防的地区，对高价值目标实施侦察和监视。"暗星"无人机的战术性能不及"全球鹰"，通常与"全球鹰"无人侦察机混合编队使用，用以支援未来战场作战。

"暗星"无人侦察机论证工作于 1994 年 6 月完成，1996 年 3 月 29 日完成首次试飞，之后由于一场坠机事故，该无人机的研制计划被迫取消。其最大特点是采用全隐身设计，可以连续数小时飞行盘旋和监视而不被发现。

"暗星"飞机机体几乎全部采用复合材料，表面有吸收雷达波的涂层。通过隐身外形设计减小雷达截面积，并通过飞机自身的弯曲或重构外形来控制它的机动。"暗星"携带光电侦照设备及合成孔径雷达，可以渗透进入高威胁环境的战区获取情报，并经任务控制系统、卫星传送给战场指挥官。设计中，建造该机雷达的诺斯罗普·格鲁曼公司已解决了用无源隐身天线来建造低截获概率系统的难题，而且价格也比较合理。该机的卫星通信系统使用了共形、低可观测性、大带宽和电子控制天线。这些设计措施，使得"暗星"无人机具备很好的隐身特性。

RQ-3无人机

"暗星"无人机空重2546千克，最大起飞重量3909千克，载油量1360千克，最大飞行速度556千米/小时，巡航速度418千米/小时，活动半径930～1852千米，飞行高度13700米，续航时间12小时，在目标区上空可连续侦察8小时。可根据天气情况换装两套不同的侦察设备。在晴朗天气时，装备光电摄像机和红外成像仪；在恶劣天气时，换装合成孔径雷达，雷达分辨率0.3～0.9米。当"暗星"无人机合成孔径雷达以广域搜索方式工作时，可覆盖5.15万平方千米的地域，分辨率0.9米；当以点模方式工作时，可详查600个高价值目标，分辨率0.3米。图像传输可通过卫星通信或微波通信，传输速率15兆比特/秒。

美国 RQ-4 "全球鹰" 无人机

RQ-4 无人机

RQ-4 无人机，绰号"全球鹰"，由美国诺斯罗普·格鲁曼公司研制。机上装有合成孔径雷达、电视摄像机、红外探测器三种侦察设备，以及防御性电子对抗装备和数字通信设备，是美国空军装备的高空长航时监视无人机，也是全世界最先进的无人机之一。

1994 年 6 月，美国空军提出研制"全球鹰"无人机计划。1997 年 2 月，第一架"全球鹰"样机公开露面；1998 年 2 月 28 日首飞。1999 年 3 月，第二架原型机坠毁，机上所携带的专门为"全球鹰"设计的侦察传感器系统已损坏。1999 年 12 月，第三架样机在跑道滑跑时出现事故，损坏了另外一个传感器系统。2000 年 6 月，美军宣布"全球鹰"已具备了全部作战能力，并开始服役。

"全球鹰"采用下单翼布局，机身主要材料为铝合金，机翼由碳纤维制成，机身后方为一个背负式发动机罩，续航时间长达 42 小时，在目标区上空 18300 米处可停留 28 小时进行侦察，而 U-2 侦察机在目标上空仅能停留 10 小时。它的厉害之处还在于能与现有的联合部署智能支援系统和全球指挥控制系统联网，图像能实时传给指挥官，用于指示目标、预警、快速攻击与再攻击、战斗评估等。

2001年4月22日，一架"全球鹰"从美国加利福尼亚空军基地起飞，前往澳大利亚参加联合军演，全程实施遥控操作，经过22.5小时的连续飞行，抵达澳大利亚，总航程达12000千米。

该机携带有光电、红外传感器系统及合成孔径雷达等多种传感器。在一次任务飞行中，光电/红外侦察范围达7.4万平方千米。在近2万米的高度，合成孔径雷达可穿透云雨、沙尘暴等障碍，可对运动目标实施连续监视，能够准确识别地面各种飞机、导弹和车辆等目标，条幅式侦察时照片精度达1米，定点侦察时精度可达0.3米；对20～200千米/小时行驶的地面移动目标侦察时精度达7米，素有"大气层内侦察卫星"之称。

"全球鹰"共有RQ-4A（原型）、RQ-4B（改进型）、RQ-4E（欧洲鹰，RQ-4B的改进型）等型号。虽然该机采用了隐身技术，但喷气发动机工作时仍会产生一定的红外辐射信号，而且飞行速度不到600千米/小时，一旦被对方战斗机锁定，很难逃脱被击落的命运。

作为一款性能异常优秀的无人机，其价值不菲，一架"全球鹰"造价4800万美元，加上研发费用更高达7000万美元，与之相比，一架"捕食者"的造价仅450万美元。在灾害救援方面，"全球鹰"被多次使用，2011年3月11日，福岛第一核电站事故发生后，美国于3月17日从美军关岛基地紧急调派一架"全球鹰"拍摄反应堆受损影像。

美国 MQ-1"捕食者"无人机

MQ-1 无人机,绰号"捕食者",由通用原子技术公司研制。机上装有光电/红外侦察设备、GPS 导航设备以及具有全天候侦察能力的合成孔径雷达,可携带"地狱火"反坦克导弹,主要用于小区域或山谷地区的侦察与监视,为特种部队提供详细的战场情报,美军将其描述为"中海拔、长时程"无人机系统。

"捕食者"是美军装备的一种侦察攻击无人机,共有 A 型和 B 型两种。A 型又分为 RQ-1A 侦察型和 MQ-1A 攻击型;B 型机在 A 型机基础上改进而成,尺寸略大,两者外形基本相同,包括 RQ-9 侦察型和 MQ-9 攻击型。其中,侦察型主要装备光电/红外传感器、合成孔径雷达,攻击型装有激光目标指示器并可挂反坦克导弹。

1994 年 1 月,美国通用原子公司作为主承包商与美国空军签订了关于生产中高度远程"捕食者"无人机的合同。A 型机于 1994 年 7 月首飞,1994 年 10 月交付美国海军 3 架,1995 年开始装备美国空军。B 型机于 1999 年开始研制,2001 年 2 月首次试飞。

MQ-1A 长 8.13 米,翼展 14.8 米,高 2.1 米,装备一台活塞式发动机,空重 512 千克,最大起飞重量 1020 千克,最大飞行速度 217 千米/小时,巡航速度 130～165 千米/小时,航程 1100 千米,实用升限 7620 米,续航时间 24～40 小时,机翼下方携带 2 枚"地狱火"反坦克导弹。

MQ-9 长 11 米,翼展 20 米,高 3.81 米,装备一

MQ-1 无人机

台涡轮螺旋桨发动机，空重 2223 千克，最大起飞重量 4760 千克，最大速度 482 千米/小时，巡航速度 313 千米/小时，实用升限 15240 米，续航时间 14 小时（满载），机翼下可挂 8 枚"地狱火"反坦克导弹。

该机装有先进的光电/红外侦察设备、GPS 导航设备、具有全天候侦察能力的合成孔径雷达，在 4000 米高处分辨率 0.3 米，对目标定位精度 0.25 米。该机装备有先进的数字飞行控制系统，可以常规的方式在跑道上起降，起降长度 610 米，也可通过回收系统在舰上回收，当动力或指令控制失灵时，还可以使用降落伞紧急回收。

1995 年 7 月，"捕食者"无人机首次用于波黑战争。1999 年再次用于科索沃战争。2001 年 10 月，MQ-1A 型机在阿富汗首次发射机载导弹对地面目标进行攻击。2002 年 3 月美国空军正式组建了第一个武装型"捕食者"无人机中队。2003 年伊拉克战争中，RQ-1A 和 MQ-1A 型机执行 100 多次侦察和攻击任务。

美国 MQ-8"火力侦察兵"无人机

MQ-8 无人机和 RQ-4"全球鹰"一样,同为诺斯罗普·格鲁曼公司的产品,绰号"火力侦察兵"。与后者不同的是,MQ-8"火力侦察兵"是一款垂直起降无人机,或者可以称为无人直升机。"火力侦察兵"共有两种型号:MQ-8A 和 MQ-8B。

1998 年 11 月,美国海军提交了发展舰载垂直起降战术无人机的作战需求文件,并于 1999 年 8 月开始招标,诺斯罗普·格鲁曼公司的方案打败了贝尔直升机公司和西科斯基直升机公司的方案。美国海军通过这项计划发展出了 RQ-8A 无人机。2005 年,RQ-8B 无人机的编号被改为 MQ-8B。

MQ-8 无人机

MQ-8A"火力侦察兵"主要服务于美国海军，部署在驱逐舰、濒海战斗舰、两栖攻击舰等大中型水面舰艇上，主要用来承担战场侦察和激光引导的重任。

美国陆军也采用了一部分"火力侦察兵"，型号以 MQ-8B 为主，主要用于阿富汗战场，执行打击路边简易爆炸装置的任务。携带的武器包括"地狱火"导弹、"蝰蛇打击"激光制导滑翔弹、先进精确杀伤武器系统以及 70 毫米激光制导火箭弹等。

MQ-8A 和 MQ-8B 有着很大不同。MQ-8A 旋翼有 3 个桨叶，而 MQ-8B 有 4 个桨叶。此外，两者的传感器和航空电子设备也有明显区别。高超的侦察能力是 MQ-8A"火力侦察兵"的主要特点，它是一个先进的传感器平台，携带通用原子公司提供的具有地面活动目标指示器的合成孔径雷达，机上装置有光电/激光传感器和激光指示器/测距仪，可以提供情报、侦察和监视功能并且极其精确。它能在 6000 米高空巡弋，在 150 海里的范围内执行任务。MQ-8B"火力侦察兵"则被美国陆军选作"未来作战系统"的一个组成部分，成为旅级部队装备的战术无人机。

美国 MQ-9"死神"无人机

MQ-9，绰号"死神"，是在 MQ-1"捕食者"的基础上研制的新一代无人作战飞机。MQ-9"死神"无人机是 MQ-1"捕食者"的直接改进版本，在研制过程中，这一计划被称为"捕食者"B。在汇集各方意见，并进行长时间的讨论评估之后，美国空军最终正式决定将"捕食者"B 无人机命名为 MQ-9"死神"。

其前一代无人机 MQ-1"捕食者"虽然可以携带两枚"地狱火"导弹，但其主要用途仍然是进行侦察。"死神"则不同，它在研制过程中就定位为一款攻击无人机。

首架机于 2001 年 2 月 21 日首飞。2001 年 10 月，美国空军购买"捕食者"原型机进行试验，此后从 2002 年开始接收"捕食者"B 无人机。"捕食者"BER 为增程型。通用原子航空系统公司自筹资金于 2012 年 4 月启动研制，旨在通过增加 2 个外部油箱将续航时间从 27 小时增加到 33~35 小时，并通过将翼展从 20 米增加到 24.1 米进而将续航时间增加到 42 小时，以提升该机的多任务能力。2014 年 2 月 5 日，美国空军授予通用原子航空系统公司 1.172 亿美元合同，采购 38 架具有多个油箱的增程型。2014 年 2 月 12 日首架机完成首飞。MQ-9B 是"捕食者"B 系列的下一代，通用原子航空系统公司将其基线型命名为"天空卫士"，海上监视型命名为"海上卫士"。2018 年 7 月 10 日，一架"天空卫士"无人机从美国北达科他州大福克斯起飞，在英国皇家空军费尔福德空军基地顺利着陆，在 24 小时 4 分钟内完成了 6960 千米（3760 海里）的飞行，标志着中空长航时无人机实现了史上首次跨大西洋飞行。未来英国皇家空军采购的 MQ-9B 型将被称为"保护者"（Protector）RGMk1。"复仇者"为通用原子航空系统公司自筹资金研发的改型，列入"捕食者"C 系列。在该型基础上针对美国海军需要发展了"海上复仇者"，用于竞争美国海军航空母舰舰载无人机项目。

与 MQ-1"捕食者"相比，MQ-9"死神"的续航能力更强、飞行速度更快、载弹量也更大。在加利福尼亚州的一次模拟侦察任务中，"死神"持续飞行了 37.5 小时，比上一代"捕食者"无人机保持的耐力飞行纪录提高了 10 小时。此外，MQ-9"死神"的载弹量也更大，装备 6 个武器挂架，可在搭载 4 枚"地狱火"导弹外加 2 枚 500 磅（230 千克）激光制导炸弹。2002 年开始交付，2007 年在阿富汗和伊拉克部署。

MQ-9 无人机

美国 X-47 "飞马" 无人机

X-47 无人机，绰号"飞马"，现有 X-47A、X-47B 两种型号，由美国诺斯罗普·格鲁曼公司研制，主要装备美国海军，是世界上首架陆基和航空母舰都能使用的无人侦察攻击机。2000 年 7 月，诺斯罗普·格鲁曼公司根据美国海军需求，决定自行投资 4000 万美元研制"飞马"无人机，用于验证无人机从航空母舰上自主起降，以及实施海上侦察、攻击、压制对方防空系统的能力。

2001 年 2 月 26 日，诺斯罗普·格鲁曼公司对外展出全尺寸模型。2001 年 6 月，依照美国空军"X"系列的命名，该机正式编号为 X-47A。2001 年 7 月，该机完成制造。2002 年 7 月 18 日，首次进行地面滑跑试验。2003 年 2 月 23 日首飞，持续时间 12 分钟，并成功地在虚拟甲板上完成了起飞和降落。

X-47B 无人机

X-47A 为试验机。该机采用大后掠角无尾设计，具有短距起飞/着陆能力，外形类似风筝，具有较强的隐身功能。该机长 8.5 米，翼展 8.465 米，机高 1.86 米，空重 1740 千克，最大起飞重量 2678 千克，装有一台涡扇发动机，航程 2278 千米，实用升限 12192 米。

2003 年 4 月 15 日，诺斯罗普·格鲁曼公司提出在 X-47A 基础上发展 X-47B。2011 年 2 月 4 日，第一架原型机（AV-1）首飞；2011 年 9 月，完成巡航飞行测试；2013 年 5 月 14 日，从"乔治·布什"号航空母舰上首次弹射起飞；2013 年 7 月 10 日，降落在"乔治·布什"号航空母舰上。X-47B 是第一种可在航空母舰上起降的无人机。

X-47B 是美国察打一体无人机发展史上的一个里程碑，与"捕食者"系列、"猎人"、火力侦察兵等无人机减轻 F-22 和 F-35 的部分打击任务，构建低成本的火力打击方案定位不同，X-47B 是一款技术复杂度较高、成本并不低廉的高性能无人机，是美军察打一体无人机向着智能化、隐身化和高性能化发展的重要标志，它是一款典型的应对高烈度战争环境的新一代察打一体作战平台。X-47B 主要用于渗透式突袭、压制防空系统、电子情报搜集、战场侦察与监视、近距离空中支援以及有限的电子战任务。之所以说 X-47B 是一款颠覆性的先进察打一体无人机，是因为其相较于同类无人机而言拥有 4 个方面的优势：卓越的隐身性能、超强的作战效能、惊人的智能性和优越的作战运用模式。

美国 X-51 "乘波者" 无人机

X-51 无人机是美国空军研究实验室与国防高级研究计划局联合研制的高超声速试验机，绰号"乘波者"。20 世纪 90 年代，美国空军研究实验室开展了一项名为"HyTECH"超声速燃烧冲压发动机计划，并与普惠公司签署了一份关于研发一种超声速燃烧冲压发动机的合同，同时选择波音公司负责机体的制造。其中"HyTECH"计划所生产的 SJK61 发动机最初是为 X-43 试验机而设计，然而 X-43 试验机的后续开发被终止，于是改为用于 X-51，因此 X-51 项目可以看作 X-43 项目的替代方案。2010 年 5 月 26 日，X-51 无人机完成了 5 倍声速的飞行试验。

X-51 无人机采用的"乘波体"技术是一种新颖的飞行机制，与普通飞机采用机翼产生升力的机制截然不同，特别适宜于在大气层边缘以高超声速飞行，具有不可估量的军事威慑力。亚轨道高超声速飞行器的飞行轨迹不可预测，没有规律可循，可供拦截的时机也稍纵即逝，拦截难度极大。该机由 1 台 JP-7 碳氢燃料超燃冲压发动机推动，设计飞行马赫数在 6～6.5 之间。这个计划的终极目标就是要发展一种比美国武器库中任何一种导弹的速度都要快 5 倍以上，可以在 1 小时内攻击地球任意位置目标的新武器。X-51 无人机的突防能力极强，现有防空武器对它的威胁极小。

美国 D-21 "袖珍黑鸟"无人机

D-21 出自洛克希德公司，是美国 20 世纪 60 年代研制的高速高空无人侦察机，绰号"袖珍黑鸟"。该机装备一台当时世界领先的涡喷冲压发动机，最大速度为马赫数 3.35（3560 千米/小时），升限高达 29000 米，在 20 世纪 70 年代初期，包括美国自身在内，任何一款防空武器理论上都无法将其击落。

1960 年 5 月 1 日，美国一架 U-2 高空侦察机在苏联上空侦察时被击落，空军飞行员加利·鲍尔斯被俘，导致俄美关系十分紧张。为避免类似事件再次发生，美国决定发展无人驾驶侦察机对极危险空域进行侦察。

1962 年 10 月，研制工作开始启动，军方决定以 A-12 作为载机，采用空中发射的方式发射小型无人侦察机，编号 Q-12。1963 年 10 月，最终设计方案确定，代号"标签"，编号由 Q-12 改为 D-21。

A-12 高速飞行时，以弹道弹射的方式将 D-21 发射出去，然后 D-21 抛掉机首和机尾的整流罩，发动机点火工作并开始加速，通过事先设定的飞行路线进行侦察。

为了减轻重量和降低费用，同时更是为了保密，D-21 没有设计回收功能，侦察设备和制导系统均按照模块化设计，装在机头下面侦察设备舱中的可回收容器内。侦察任务结束后，该容器可按预设程序或遥控指令抛投在一定范围内，由经过特殊改装后的 JC-130B "大力神"飞机从空中回收。D-21 在投下可回收

D-21 无人机

容器后便自动爆炸销毁。

  首批 D-21A 共制造 6 架，用于进行各项测试。1964 年 12 月 22 日，A-12 搭载 D-21 首飞。整个设计方案看似可行，但实际操作起来却危险重重。D-21 的冲压式喷气发动机在低速下无法工作，因此，A-12 必须在高速飞行时才能发射 D-21，而在与母机分离时，D-21 要小心翼翼地躲避 A-12 那高耸的垂直尾翼。而 A-12 也要格外注意 D-21 随后抛掉的机首和机尾整流罩，整个分离过程稍有不慎就有可能造成灾难性的后果。

  由于飞行试验过程中，事故频发，改由 B-52 轰炸机挂载发射，称为 D-21B。1967 年 9 月 28 日，首次试验没有取得成功，D-21B 从 B-52 掉了下来，砸在地上。总体来讲，这种模式仍然不是十分理想，12 次试验中有 8 次失败。然而，由于当时中国正在罗布泊进行核试验，D-21B 便匆匆上场，不知是 D-21B 弹射时出现了故障，还是回收时出现问题，4 次侦察任务均告失败，此后 D-21 便悄悄地退出了历史舞台。

美国 RQ-170 "哨兵" 无人机

RQ-170，绰号"哨兵"，由洛克希德·马丁公司研制，是美国空军装备的一种战区级新型隐身无人侦察机，主要用于对特定目标实施侦查和监视。2001年南海发生 EP-3E 侦察机撞机事件后，美国国防部决定研制一种隐身无人机，以避免涉密装备和机组成员落入其他国家。RQ-170 在这种背景下诞生，最早装备位于内华达州托诺帕试验基地的美国空军第 20 侦察中队。

2007 年年底，该机在阿富汗坎大哈国际机场被一名战地记者无意中拍到。由于该机经常在阿富汗南部的坎大哈国际机场出没，也被称作"坎大哈野兽"。后来，由于美国多家媒体不断曝光，直到 2009 年 12 月 4 日美国空军才承认它的存在。

该机沿用了美国隐身飞机的无尾飞翼气动设计，外形与 B-2 隐身轰炸机相似。不同的是，RQ-170 的机翼并没有遮蔽排气装置，这样做的目的可能是为了避免敏感部件进入飞机平台后，一旦出现闪失，导致关键技术落入敌方之手。

RQ-170 装备一台涡扇发动机，机上装有红外光电传感器、主动电子扫描阵列雷达、数据链等电子设备。从"RQ"的代号中来看，RQ-170 应该是一种不携带武器的无人机，但也有人认为，该机可能会安装有高能微波武器。

2010 年 8 月，有消息称 RQ-170 再次向阿富汗进行部署，并且已经具备了全活动视频监控能力。这一

RQ-170 无人机

消息与日后美国公布的白宫通过视频实时监控打击本·拉登军事行动的情形十分吻合。2011年12月5日，伊朗军方宣布，一架美国 RQ-170 无人侦察机于12月4日在伊朗西北部城市库姆上空侦察当地核设施情报时被击落。

美国"火蜂"无人机

"火蜂"无人机,由美国瑞安公司研制,是世界上最早采用喷气动力推进的无人机,也是有史以来最广泛使用的靶机之一。该机共有多个改进型,可担负侦察、电子战、飞行试验、对地攻击等任务,广泛用于越南战争。

该机应美国军方的要求于1948年开始研制,首架XQ-2原型机于1951年初首飞,共有三代。第一

"火蜂"无人机

代"火蜂"主要有空军采购的 Q-2A、Q-2B（动力比 Q-2A 有所提升）；海军采购的 KDA-1、KDA-4，其中，XKDA-2、XKDA-3 为试验机型。

第二代"火蜂"称为 Model124 系列，最初命名为 Q-2C，1958 年首飞，1960 年投入生产，1963 更名为 BQM-34A，每架 C-130 运输机翼下可挂载 4 架。与此同时，海军使用的 KDA-1 和 KDA-4 分别更名为 AQM-34B 和 AQM-34C，海军还采购了部分 BQM-34A。另外，陆军装备有地面发射的 MQM-34D。

20 世纪 70 年代，陆军对部分 MQM-34D 进行了改进，升级为 MQM-34D-2 型；海军将 BQM-34A 升级为 BQM-34S。BQM-34A 于 1982 年停产，但生产线一直保留至 1986 年，以便生产更多的 BQM-34S。20 世纪 90 年代后期，部分"火蜂"甚至装有 GPS 卫星导航接收机。

第三代"火蜂"-2 为 Model166 型系列，飞行速度大于马赫数 1。该型机于 1965 年开始研制，1968 年首飞，海军版称为 BQM-34E，20 世纪 70 年代中期升级后称为 BQM-34T；空军版称为 BQM-34F，略重于 BQM-34E。

该机采用中间悬挂式机翼，机翼后掠，翼尖有一个倾角，发动机在腹部有一个膨胀的喷射口，进气口为椭圆形，初期型号为圆形。机身呈圆形且向后逐渐缩小，机鼻比较尖，尾部为锥形，腹部有一个副翼。

美国"扫描鹰"无人机

"扫描鹰"是由美国波音公司与英西图公司联合开发的一款小型舰载低成本、续航时间长的无人机,主要用于海上监视与观察、情报搜集、目标搜捕、通信中继等各种战术支援任务。伊朗革命卫队在2012年12月4日称,在波斯湾水域上空"俘获"一架侵入伊朗领空的美国"扫描鹰"无人机。后来,伊朗对美国"扫描鹰"无人机进行了大规模的复制生产,并投入伊朗武装部队使用。

21世纪前十年是美国全球反恐作战行动的高峰期。为了支持美军的全球作战行动以及在伊拉克的自由行动,美国军方向国内外厂商发出无人机采购需求。2005年4月,美国五角大楼授予波音公司一份价值1450万美元无人机订购合同。根据该份合同规定,波音公司要向美国军方提供"扫描鹰"无人机、通信链路以及地面控制设备,以支持美国海军航空母舰远征打击群在波斯湾的军事行动以及海上石油平台的安全。同年9月,美国军方再次授予波音公司一份价值1300万美元的合同。新合同对前期合同的部分内容进行了调整。新合同要求,"扫描鹰"无人机系统能够为美国海军快速舰艇以及一艘漂浮前进的中途补给船提供信息情报支持。自此之后,"扫描鹰"无人机在美国军队得到了广泛的使用。

"扫描鹰"无人机能够在空中连续飞行至少3天时间,同时具备在任务空域不间断执行侦察和监测任务的能力。其机身长1.2米,翼展3.1米,空重12千

"扫描鹰"无人机

克,最大起飞重量 18 千克,任务载荷 3.2 千克。动力装置是单缸双冲程发动机,功率 1.8 千瓦。巡航速度 90 千米/小时,最快飞行速度 120 千米/小时,续航时间 15 小时。美军把"扫描鹰"无人机部署到反美武装经常活动地区上空进行巡回侦察,并将图像实时发送到附近美军士兵的笔记本电脑上,还可发到地面控制站,供情报人员分析判读。它可以单独使用,也可以成群部署。此外,它还能作为一个多通道数据链,提供数据或通信中继,发挥一颗小卫星的作用。

2017 年美国海岸警卫队在东太平洋首次用"扫描鹰"无人机执行了完整的巡逻任务,持续 6 周时间,共飞行了 39 架次,完成了 279 飞行小时,其中一架"扫描鹰"在 24 小时内连续巡逻了 22.7 飞行小时。在巡逻任务中,"扫描鹰"无人机直接协助海岸警卫队"斯特拉顿"号的船员进行了 4 次拦截。

俄罗斯"前哨"无人机

"前哨"是俄罗斯 2011 年引进以色列"搜索者"MkII 无人机生产线在乌拉尔民航工厂组装生产的一款中空长航时战术侦察无人机,主要用途为航空侦察,并可用于目标指示、引导和火力校正。每套"前哨"无人侦察系统包含 3 架无人机和 1 座地面控制站。无人机最大起飞重量 456 千克,可在 5000 米高空实施侦察作业,续航时间 16 小时,最大可控任务半径 170 千米,是俄军在役体量和作用半径最大的无人机型号,备受俄军青睐。

根据"前哨"无人机在叙利亚作战使用的经验,俄军于 2017 年决定对该型机进行升级改进,形成"前哨"-M 型号。该型号主要加装了高精度雷达,以提高对目标的发现和识别能力。"前哨"-M 无人机飞行速度逾 200 千米/小时,留空时间增至 17 小时,最大可控任务半径扩大到 250 千米。由于"前哨"无人机在俄军无人机装备中具有举足轻重的地位,俄罗斯一直力求使其完全国产化。2019 年 8 月中旬,全国产化的"前哨"-R 无人机成功完成首次飞行,从 2020 年开始批量列装俄军,首批装备约 30 架。该型无人机已成为俄罗斯组建的远程无人侦察机中队的备选装备。

"前哨"无人机是俄罗斯驻叙利亚诸兵种联合作战集群无人机战斗群中的重要装备。在 2018 年 6 月开始的叙利亚德拉省战役中,"前哨"配合叙政府军炮兵准确打击反对派"南方阵线"的坚固据点,取得大捷。2018年1月12日,俄军一架"前哨"无人机在叙利亚哈马省东北部被恐怖分子用高炮击落,这是自2015年9月俄军进入叙利亚以来损失最为昂贵的一架无人机。

"前哨"无人机

俄罗斯"牵牛星"无人机

"牵牛星"是一款察打一体无人攻击机,采用了大量全新的技术,可携带大量侦察设备和武器系统,对目标实施侦察和攻击。俄罗斯称"牵牛星"无人机性能基本接近美国 MQ-9"死神"无人机,并可对地面目标进行打击,号称俄罗斯"死神"无人机。

"牵牛星"无人机为上单翼和 V 形垂尾结构,翼展约 28.5 米,机长 11.6 米,起飞重量约 5 吨,属于中空长航时无人机。该机配备 2 台柴油螺旋桨发动机,功率为 94.5 千瓦,转速 5800 转/分钟,动力系统全重 64 千克。该发动机采用许多节油和增加功率的新技术,功率密度大,可靠性高。"牵牛星"无人机最大飞行速度可达 280 千米/小时,最大升限超过

"牵牛星"无人机

8000米，续航里程超过7000千米，可持续飞行18小时以上。该机为模块化结构，可装备电子光学设备、红外系统、微光电视和合成孔径雷达，具备很强的情报侦察能力和对地面目标攻击能力，并能在作战区域停留数小时，更加持久地执行任务。

每架"牵牛星"无人机都配备一名飞行员和一名传感器操作员，在地面控制站内实现对无人机的作战操控。飞行员大多来自苏-27、苏-30等飞机，俄罗斯空军计划设计一种更加先进的"驾驶员座舱"，提供更多的操作信息，方便飞行员操控。传感器操作员来自现役无人机部队，主要负责图像分析。飞行员一般坐在控制站屏幕的左侧，关注着主屏幕和几个分屏幕上显示的信息，查看从无人机传回的图像，观察各系统的工作状态。飞行员可通过操纵杆操控无人机，也可以通过键盘进行操控。一些分屏幕上还可显示不同指挥控制单位发布的实时交流信息，飞行员也可以通过音频或文字与地面部队进行交流。传感器操作员的操作间与飞行员的操作间十分相似，但传感器操作员所连接的操作系统更多，包括照相机红外系统、雷达以及其他传感器系统。当"牵牛星"无人机执行空中巡逻作战任务时，一般会出动4架飞机，由一个地面控制站和10名机组人员配合操控。该型无人机能自动平衡内油载荷保持其重心，并且在飞行中向地面报告故障，跟踪航标，在卫星通信与地面中断后自动在提前指定地点盘旋，在通信中断一定时间后可以自动飞回基地，在靠近基地处盘旋，等待降落回收人员使用视距内C波段通信系统遥控无人机降落。

俄罗斯"海鹰"-10 无人机

"海鹰"-10 无人机的研制始于 2010 年。2011 年上半年"特种工艺中心"公司交付了首架原型机。2012 年,"海鹰"-10 无人机原型机参加了俄军举行的"高加索 -2012"演习。"海鹰"-10 无人机在演习中的表现令俄军高层十分满意,当年年底俄罗斯国防部就通过了列装"海鹰"-10 无人机系统的决议。"海鹰"-10 轻型无人机是俄军的绝对主力,数量占到俄军无人机总数的 1/3 以上,在俄军叙利亚的作战中发挥了重要作用。

"海鹰"-10 无人机全长 1.8 米,翼展 3.1 米,空重 12.5 千克,最大起飞重量 18 千克。"海鹰"-10 无人机巡航速度 100 ~ 150 千米 / 小时,最大航程 600 千米,作战半径 50 ~ 120 千米,实际升限 6000 米,最大有效载荷 5 千克,续航时间 10 ~ 18 小时。

"海鹰"-10 无人机通过一个可折叠的弹射器发射,在达到一定高度后,机上的汽油发动机开始工作,提供飞行所需的推力。根据战术任务的需要,"海鹰"-10 可以按不同的飞行速度飞行,最低能达到 75 千米 / 小时,最大飞行速度可达 170 千米 / 小时。虽然"海鹰"-10 的最大航程能达到 600 千米,但其受控飞行半径的极限在 180 ~ 200 千米范围内,超出这个距离,地面站无法接收到"海鹰"-10 传回的视频,也无法控制"海鹰"-10。

"海鹰"-10 在完成任务后通过降落伞着陆。无人机操作员将会驾驶"海鹰"-10 飞至指定降落区域,减速并打开降落伞。除了降落伞外,"海鹰"-10还装备了气囊,气囊在着陆前会自动充气,减少着陆瞬间的冲击,保护无人机,以使其可以重复利用。当飞机过载时,"海鹰"-10的机身各部件会自行分离,减少着陆对各部件造成的损坏。"海鹰"-10的机翼可以折叠,机身部件可以拆解,以便于运输。"海鹰"-10无人机拆解后可装到一个行李箱大小的容器中。

"前哨"无人机是俄军唯一具备中空长航时巡逻能力的无人机。而"海鹰"-10则是俄军最出色的轻型无人机。"前哨"和"海鹰"-10的搭配保障了俄军在叙利亚的侦察行动。由于"前哨"无人机需要跑道

"海鹰"-10无人机

起飞，使用成本高昂，因此除了必要场合，俄军在叙利亚更多使用的是"海鹰"-10。因为"海鹰"-10可以弹射起飞，起飞场地不受限制，着陆也不需要跑道，仅需降落伞。"海鹰"-10价格低廉，一套"海鹰"-10无人机系统成本仅为3000万卢布，即便是被击落几架，经济损失也不大。"海鹰"-10使用汽油作为燃料，也便于其燃料的补充。"海鹰"-10在叙利亚的主要任务包括侦察空袭目标，评估打击效果，为俄叙军炮兵提供侦察和校射等。炮兵侦察校射是"海鹰"-10在叙利亚极为重要的任务。"海鹰"-10一般用于为迫击炮提供侦察和校射。

总体来说，"海鹰"-10在叙利亚表现不错。"海鹰"-10的侦察使得俄军的战场感知能力得到极大提升，炮兵打击更加精准。不仅如此，"海鹰"-10也缩短了炮兵的反应时间。

俄罗斯"猎户座"无人机

"猎户座"是一种中空长航时无人机。其特点是自动化控制水平很高。特别是,在起飞和着陆期间,尽管保留了人员干预模式,但绝大多数情况下无须操作员干预。降落时,无人机不仅可以使用卫星导航模块,还可以使用特殊的双频雷达。如果存在强烈干扰,则可以使用激光系统代替。报告显示,3种自动着陆配置方案均已在叙利亚战场得到成功测试。

该机翼展超过16米,机身长8米,起飞重量1吨,有效载荷200～250千克(出口型为200千克),巡航速度120千米/小时,最大飞行速度未知,最大飞行高度7.5千米,机身重约1020千克,单次执行任务滞空时间最长可达24小时。

在"猎户座"的机头有一部监视瞄准设备,在机身中央有一个数字无线电设备,包括干扰站。"猎户座"无人机配备了由Itlan工程中心开发的APD-115T发动机,功率为88千瓦,重105千克。"猎户座"无人机几乎完全由俄罗斯制造的碳纤维制成,使用这种材料在保持机身强度的同时,可以显著降低无人机的重量及其被雷达探测到的可能性。

在叙利亚进行试运行时,"猎户座"无人机被证明是一种相当可靠和高效的飞行器。最初,它仅用于侦察目的,但在2019年,从"猎户座"无人机上进行了一次对位于哈姆省北部扎克市附近的地面目标打击的行动。

2020年12月21日,首批"猎户座"无人机交

"猎户座"无人机

付俄罗斯空天军。"猎户座"无人机对靶场地面目标进行了有效的制导导弹射击。因此,该机成为俄罗斯第一款使用这种武器的无人机。此外,"猎户座"还计划使用制导滑翔炸弹。这种无人机大量进入部队将使俄罗斯恢复与此类装备中潜在敌对方的对等地位。

法国"神经元"无人机

"神经元"是欧洲自主研制的第一种隐身无人侦察攻击机。该机由法国牵头研制,法国达索航空公司负责项目管理、系统构架设计、飞行控制系统和总装,瑞典、意大利、西班牙、瑞士和希腊等国家参与。

"神经元"无人机源于法国达索公司研制的AVE无人战斗机。20世纪90年代末,达索公司启动了无人机的研制工作,使得法国成为欧洲第一个研究与发展无人机的国家。开始,"神经元"项目进展比较顺利,但后来由于技术和资金等方面的问题,后续研发工作相对缓慢。

2012年12月1日,"神经元"验证机在法国伊斯特尔空军基地成功首飞。2012年12月19日,法国达索公司在其工厂所在地举行发布会,对外公开展示还处于试验阶段的"神经元"无人机。该机长9.5米,翼展12.5米,空重4900千克,最大起飞重量7000千克,最高时速980千米/小时,实用升限14000米,装有一台英法合制的"阿杜尔"发动机,飞行速度为马赫数0.8(980千米/小时),最大续航时间3小时。

该机综合运用了自动容错、神经网络、人工智能等先进技术,具有自动捕获和自主识别目标的能力,可以在不接受任何指令的情况下独立完成飞行,并在复杂飞行环境中进行自我校正,也可由指挥机控制其飞行或作战,智能化程度达到了很高的水平。"神经元"无人机的最大优势在于它能够在不接受任何指令的情况下进行单独飞行，并能够在复杂的环境中完成自我校正，飞行速度更远超于普通侦察机，侦察和作战优势都十分显著。更引人注目的是，虽然"神经元"外形庞大，翼展尺寸更与法国的有人战斗机"幻影"-2000相当，但是在雷达上它的反射面积仅有一只麻雀大小，隐身能力非常出色。

虽然"神经元"展现出来的技术优势令人惊叹，但它仍只是技术演示机，尺寸约为生产型的3/4大小。目前"神经元"无人机已经实现了世界上第一次有人和无人机编队飞行，但是飞行测试的总体目标平淡无奇，尚无法形成战斗力。在试飞成功之后，"神经元"将转至瑞典进行一系列性能测试，随后还会前往意大利的投弹靶场，重点测试投射弹药和隐身技术。

"神经元"无人机

以色列"苍鹭"无人机

"苍鹭"无人机,由以色列飞机工业公司马拉特子公司研制,主要用于实时监视、电子侦察和干扰、通信中继、炮兵火力校射和海上巡逻等任务,并可用于民间地质测量、环境监控、森林防火等。

"苍鹭"无人机共有"苍鹭"1、"苍鹭"2、"苍鹭"TP等型别。其中,"苍鹭"1在20世纪80年代开始投入使用。"苍鹭"2于1993年底开始研制,1994年10月18日第一架原型机首飞。"苍鹭"虽然出自以色列人之手,但第一个使用者并不是以色列,而是印度。

该机长8.5米,翼展16.6米,高2.3米,起飞重量1150千克,任务设备重量250千克,燃油重量400千克,续航时间20~45小时,最大平飞速度220千米/小时,巡航速度110~148千米/小时,最大升限9200米,航程350千米,装备1台四冲程涡轮增压活塞发动机。

2006年7月15日,"苍鹭"TP首飞,以色列称之为"埃坦"(Eitan)。该机由以色列飞机工业公司(IAI)研制,2009年在加沙地带对哈马斯组织空中打击时首次投入实战使用,2010年2月正式服役,是以色列国防军装备的大型高空战略长航时无人机,也是以色列目前装备的最大的无人机。

"苍鹭"无人机系统由一个地面站和3架无人机组成,其中地面站有2名操纵人员。该机装备合成孔径雷达、海上扫描雷达、激光测距仪、日光和夜视摄像机、GPS 导航系统、通信情报等设备，可自动探测和跟踪水面目标，能自主对目标进行识别和分类，所获得的视频和数据可通过数据链传输给地面控制站，采用超视线数据链时使用半径可达 350 千米，数据实时传输距离在有中继时可达 1000 千米，每架"苍鹭"监控面积达 50 ～ 60 平方千米，可同时跟踪 32 个目标。

问世 20 多年来，"苍鹭"无人机已历经多次实战检验，不仅以色列空军将其作为大型空中侦察打击平台，澳大利亚、法国和德国在阿富汗作战中，也都曾使用该机获取实时情报。不

"苍鹭"无人机

过，澳大利亚、法国和德国等获得的"苍鹭"TP 无人机不具备打击能力，只能用于情报、监视和侦察任务。

"苍鹭"TP 无人机的出现并没有令以色列航空工业公司停下改进的脚步，以色列空军向该公司表示希望其续航能力能进一步增强，并能在未来搭载更多的传感器。在 2014 年以色列里雄莱锡安的航展上，以色列航空工业公司展示了新一代"苍鹭"HF 无人机的原型机。根据以色列航空工业公司的消息，"苍鹭"HF 能在 10000 米以上的高空完成大约 45 小时的连续飞行。

以色列"哈比"无人机

"哈比"是以色列航空工业公司研制的一种多功能无人机。由于该机在攻击目标时类似从天而降的鹰隼,勇猛、凶残而不顾性命,因此,以希腊神话中长着鹰身的女妖的名字"哈比"命名。

1997年巴黎航展上,"哈比"首次公开展出。与大多数无人机不同的是,"哈比"集无人机、导弹和机器人技术为一体,主要采取卡车发射。系统由两大部分组成:一是用于攻击目标的反辐射无人机;二是用于控制和运输的地面发射平台。基本火力单元由54架无人机、1辆地面控制车、3辆发射车和辅助设备组成。每辆发射车共有9个发射箱,每箱装有2架,共18架。

"哈比"无人机结构简单,采用小展弦比三角翼的无平尾式布局,机身呈圆柱状,与机翼融合为一

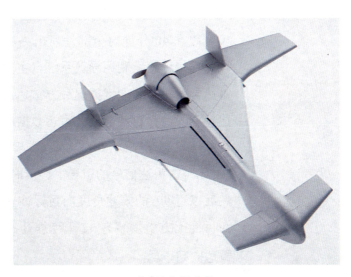

"哈比"无人机

体。机身由铝材制成，表面覆有能够吸收雷达波的复合材料，具有一定的隐身功能。装有一台双冲程双缸活塞发动机，采用普通车用汽油或航空汽油作为燃料，能在1668米高度飞行1000千米，作战半径400～500千米，续航时间在4小时以上。

该机装有以色列自行研制的被动雷达导引头、计算机系统、全球定位系统，以及确定打击次序的分类软件。发射升空后，沿设计好的轨道飞向目标所在地区，通过空中盘旋飞行搜寻辐射源，然后对截获的不同雷达信号进行分选、判断、识别出预先存储的目标信号，然后进行跟踪攻击，攻击精度达到5米。没有发现目标时，可自行返回基地。

该无人机系统整个作战过程分为发射、巡逻和攻击三个阶段。在发射阶段，全部发射箱可依照作战任务的实际需要调整到一定发射角度，然后按顺序发射，也可以成组发射或同时齐发。当采取集群作战方式时，每架飞机发射间隔不超过1分钟，54架无人机可以在40分钟内全部发射出去。发射后，"哈比"按照预编程序，利用导航系统自主飞到目标区，通过雷达导引头不断搜索捕捉敌方雷达。当发现可疑的雷达频率时，会自动与敌方雷达数据库进行比较，如果目标信息判断正确，便转入攻击模式。在攻击阶段，"哈比"在雷达信号的引导下，及时调整为攻击状态，然后以近90°的俯冲角度向目标冲去。该机通常设定在目标上方引爆装有32千克炸药的战斗部，与敌方雷达同归于尽。

以色列"云雀"无人机

"云雀"是由以色列埃尔比特公司开发的便携式无人飞行器。"云雀"可由单人背负,用于执行近距离战术侦察监视任务。在执行任务前,可快速组装,手掷发射,利用小型充气气垫实现回收。

"云雀"无人机采用传统飞行器布局,螺旋桨推进器位于机首,光电传感器组件置于机鼻下方推进器桨叶之后。整套系统包括3架飞行器、1套地面控制设备和数据下行终端及1套发射器。"云雀"无人机的动力系统选择了比较特殊的电力推进,因此飞行时噪声很小,隐蔽性比较高。

"云雀"无人机问世至今已将近20年,第一代"云雀"Ⅰ设计于2002年,当时是为满足以色列国防军为其连排级配备微型无人飞行器而提出的需求。以色列军方于2004年率先采购了"云雀",除了用于作战之外,在搜寻、救援方面也得到了运用。2005年11月,因反恐战争急需,澳大利亚陆军也采购了"云雀"Ⅰ,并向伊拉克部署了6套该系统。

2005年11月,加拿大军方也采购了"云雀"Ⅰ无人机,作为其部署于阿富汗地面部队的过渡机型,经过实战使用后,加拿大军方深感其性能优异,于2006年10月将其选为加拿大地面部队的标准无人微型飞行器。2007年,瑞典军方也采购了6架"云雀"无人机。

第二代"云雀"Ⅱ无人机最早于2006年6月开始研制,其与"云雀"Ⅰ相比更大、更重,无法手掷

"云雀"无人机

发射,只能通过滑轨助推发射进行。这令以色列军方对"云雀"Ⅱ并没有多少兴趣。不过,增加了体积的"云雀"Ⅱ续航能力有极大提高,能达到10小时左右,这也使美军特种部队看中了"云雀"Ⅱ,采购了一部分作为营级部队使用的战术无人侦察机。

在"云雀"Ⅰ和"云雀"Ⅱ的基础上,埃尔比特公司还研发了两款增加航程的版本,分别是"云雀"Ⅰ-LE和"云雀"Ⅱ-LE,与原型机相比,续航能力有1.5~2倍的提升。

英国"雷电之神"无人机

"雷电之神"是英国研制的第一种隐身无人战斗机。该机以希腊神话中的"雷电之神"命名,由英国BAE系统公司、奎奈蒂克公司、罗尔斯·罗伊斯公司和通用电气公司研制。

由于英国未参加"神经元"项目,2005年3月,英国宣布自行研制无人战斗机。2006年12月,英国国防部与英国BAE系统公司签订研制合同。2007年9月,首架样机开始生产。2008年2月,开始组装。2010年,进行地面测试。2010年7月12日,英国国防部对外正式公布样机。最初,该机定于2011年进行第一次试飞,后来,推迟到2012年,然后又推迟到2013年,8月10日无人机首次试飞成功。机身长度12.43米,机身高度4米,翼展10米,最大起飞重量8000千克,最高时速1235千米/小时。"雷电之神"试验样机成本高达1.43亿英镑(约合人民币14.6亿元),共花费了100多万个工时。然而,与研制有人驾驶飞机相比,即使第三代机至少也要投入数百亿人民币,该机投入还是相对较少的。

作为首架高科技隐身无人机的样机,该机可谓英国国防部和工业界合作的产物,其目的不仅是检验英国在无人机制造方面的高尖端技术,同时也是为下一代无人机的设计制造做准备。

"雷电之神"采用全隐身设计,进气道位于飞机背部,采用的隐身技术可与美国最先进的技术媲美。机上装有一台阿杜尔951型涡扇发动机,外观酷似电影《星球大战》中的飞行器，尺寸与英国"鹰"式喷气式教练机类似，像是一个有棱有角的小飞碟。

该机配备有自动人工智能系统和识别系统，可以自主判断威胁等级并做出反应，从而免遭有人和无人敌机的攻击。机身内置2个弹舱，可以携带导

弹等武器。该机可以在地面控制人员的指挥下执行任务，也可以通过卫星通信系统和地面人员取得联系或者自动运行，执行精确打击远程目标和跨洲际目标的任务，其战斗性能越来越接近于攻击型战斗机。

"雷电之神"无人机

"低空霸主"直升机

直升机是一种依靠发动机带动旋翼产生升力和推动力,使其能够垂直起落、原地转弯、空中悬停和向任何方向飞行的航空器。人们给它取了一个"低空霸主"的绰号。军用直升机的出现和使用虽然较其他固定翼军用机晚了30年左右,但它的发展十分迅速,很快便成为军用飞机大家庭中的"后起之秀"。军用直升机主要用于空运、机降、特种作战、反潜、救援、垂直登陆作战、武装攻击、辎重搬运等。但军用直升机也有其固有的弱点,如速度慢、自我防卫能力相应较弱、出勤率偏低、油耗大、航程短、运行经济性差等。

第一代武装直升机诞生于20世纪60年代,采用涡轮轴式发动机、铝蒙皮和桁条等结构材料,以及电子管通信、商业导航设备,仪表比较简单。其代表机型主要有AH-1、米-24等。第二代武装直升机诞生于

20世纪70年代,主要特点是机动性好、火力强、生存性高。采用了第二代涡轮轴发动机,并装有抗坠毁燃油系统以保护飞行员。此外,它有较强的电子对抗系统和地形扫描系统,安装了红外干扰装置,可以对付被动红外控测系统和红外制导导弹。美国AH-64"阿帕奇"、意大利A-129"猫鼬"、南非CSH-2"茶隼"和俄罗斯米-28"浩劫"等是第二代武装直升机的代表机型。第三代武装直升机以美国的RAH-66"科曼奇"为代表。其主要特征是采用了隐身气动外形,装备了第三代涡轮轴发动机,大量使用了复合材料,其电子化座舱和自动化作战系统大大地增强了作战能力。俄罗斯的卡-50接近第三代武装直升机的水平,是为了对付美国AH-64直升机而研制的。直升机直接导致了合同战术的深刻变化,使合同战斗的立体性和机动性大为增强,赢得了"空中坦克""空中大炮"的美誉,并且为21世纪陆军飞行化奠定了坚实的基础。

美国 AH-1W "超级眼镜蛇"攻击直升机

20 世纪 60 年代中期，美国陆军在越南丛林战场上，迫切需要一种高速的重装甲重火力武装直升机，用来为步兵预先提供空中压制火力或为运输直升机提供沿途护航。当时的普通运输直升机已经临时加装了机枪，改装成火力援护直升机。这种改装的直升机不仅速度慢，火力也不强，而且无装甲保护，生存能力差。在这种情况下，贝尔直升机公司专门为美国陆军设计制造了 AH-1 "眼镜蛇"专用反坦克武装直升机，当时也是世界上第一种反坦克直升机。AH-1 于 1963 年 9 月首次试飞，1967 年开始装备美国陆军和海军陆战队。

1983 年，美国海军陆战队向贝尔直升机公司订购 44 架 AH-1W "超级眼镜蛇"直升机。AH-1W 是一种不分白天黑夜，都能够在边缘天气（刚够安全飞行标准的天气）条件下作战的海军陆战队攻击直升机。它负责为其他作战和运输兵员、物资的直升机护航。

在海湾战争中，AH-1 "眼镜蛇"直升机发挥了极大的作用。AH-1 的主要任务是在白天、夜间及恶劣气候条件下提供近距离火力支援和协调火力支援。它还可执行为突击运输机直升机武装护航、指示目标、反装甲作战、反直升机作战、对付有威胁的固定翼飞机（实施重点防空和有限区域防空）、侦察等任务。AH-1W 在"沙漠风暴"行动之前安装了临时用的全球定位系统，用于机载武器的精确制导。AH-

AH-1 直升机

1W"超级眼镜蛇"武装攻击直升机在这场战争中大显身手。在执行反装甲任务期间，AH-1W 直升机使用"陶"式导弹、20 毫米炮弹和 70 毫米火箭，阻止伊拉克共和国卫队护运队通过幼发拉底河上的公路。1 枚"陶"式导弹击中护运队的领头车辆，阻塞了公路。由 24 架 AH-1W 直升机组成的小分队通常到前方地区弹药供给点和加油点获得补给，再由那里起飞进行快速反应作战和近距离火力支援。在这次行动中 AH-1W"超级眼镜蛇"武装攻击直升机共摧毁对方坦克 97 辆、装甲人员输送车 104 辆、16 个掩体以及 2 处高炮阵地而无一损失。

美国 AH-64 "阿帕奇"攻击直升机

AH-64 是美国休斯直升机公司根据美国陆军 1972 年 11 月提出的"先进攻击直升机"计划研制的先进攻击直升机。该机能在恶劣气象条件下昼夜执行反坦克任务,并具有很强的战斗、救生和生存能力,是代表美国 20 世纪 80 年代技术水平的直升机。公司编号为休斯 77,美国陆军编号为 AH-64A/B/C/D,1981 年末正式命名为"阿帕奇"。

"先进攻击直升机"计划提出后,经过 90 天的方案竞争,于 1973 年 6 月 22 日选中了贝尔直升机

AH-64 直升机

公司和休斯直升机公司的方案，并决定由这两家公司各研制两架试飞原型机和一架地面试验机。两项合同的研制费用分别为4470万美元和7030万美元。1975年9月30日和同年11月22日，由休斯直升机公司研制的两架YAH-64试飞原型机分别完成了首次试飞。与此同时，一架地面试验机也成功地完成了地面试验。1976年5月，两架YAH-64试飞原型机交付给陆军，并与贝尔直升机公司研制的YAH-63开展对比试飞。1976年12月10日，经过90小时的对比试飞，美国陆军正式宣布休斯直升机公司的YAH-64在"先进攻击直升机"竞争中取胜。1984年1月26日，第一架AH-64A生产型正式交付使用。AH-64A于1986年7月获得初始作战能力。到1991年12月，建立了24个AH-64A作战大队（原计划建立39个），其中一半驻扎在美国本土。1989年12月，11架AH-64A在巴拿马首次参战。在整个海湾战争期间，美军共出动288架次"阿帕奇"参战。1991年1月17日凌晨，当伊拉克上空依然漆黑一片时，美军8架AH-64"阿帕奇"直升机低空盘旋，前视红外显示屏上清晰地显示着瞄准了沙特正北方的2个伊拉克预警雷达阵地图像。当攻击命令发出后，机群的"狱火"导弹齐射目标，仅用4分多钟就将伊拉克用于探测入侵战斗机的预警雷达阵地彻底摧毁，用"阿帕奇"摘去了伊拉克苏式防空系统的"眼珠"。

美国 CH-47 "支奴干"运输直升机

　　CH-47，绰号"支奴干"，是美国著名的波音直升机公司为美国陆军研制的双旋翼纵列式（可在恶劣的高温、高原组合气候条件下完成任务）全天候中型运输直升机。

　　1962 年 4 月 28 日第一架试验型 CH-47A 总装完成，9 月 21 日第一次悬停飞行。CH-47 系列包括：

　　CH-47A，最初的生产型，共交付美国陆军 354 架，并出口泰国皇家空军 4 架。早期生产的 A 型装两台 T55-L-5 涡轮发动机，后改用 T55-L-7 涡轮轴发动机。

　　CH-47B，A 型的发展型，装两台 2125 千瓦的 T55-L-7C 涡轮轴发动机，总共为美军方生产 108 架。

　　CH-47C，B 型的改进型。主要是加强了传动系统，更换功率更大的发动机，并将旋翼由玻璃钢替换原来的金属桨叶，增加了抗毁油箱，使"支奴干"可在 1220 米高度气温 35℃条件下，外挂 6800 千克载荷起飞，活动半径 56 千米。

　　CH-47D 于 1982 年 2 月首飞，同年 5 月装备美军"王牌"第 101 空降师。CH-47D 是 CH-47"支奴干"运输直升机系列的最新改进型，是波音公司为达到美国陆军新的战术要求，对"支奴干"进行 13 项重大改进之后的最新改型。这种大改进包括了更换大功率发动机，其标准功率和应急功率分别为 2796 千瓦和 3356 千瓦；传动功率比原来有较大的提高；采用强度更大的复合材料旋翼桨叶；重新布置了驾驶舱与夜

CH-47 直升机

视镜；采用了先进的液压和自动飞行控制系统。

其机身为正方形截面半硬壳式结构，机身长 15.54 米，机宽（旋翼折叠）3.78 米，机高 5.68 米。两副纵列反向旋转的 3 片桨叶的旋翼，由协调轴驱动，以保证每一台发动机都能驱动两副旋翼。旋翼直径 18.79 米，CH-47D 最大平飞速度 291 千米/小时，最大爬升率（海平面）6.77 米/秒，任务半径 55.5 千米，转场航程可达 2059 千米。早期 D 型的最大缺陷是作战半径小，美国陆军为使其具有远程支援能力，在机身下侧加装一根铝制的可伸缩空中加油探管，可由"大力神"HC-130 加油机对其进行空中加油。

最奇特的是，机身下半部分为水密隔舱式，使 D 型机能在水上起降。CH-47D 成为美国陆军 21 世纪初空中运输直升机的主力。

美国 RAH-66 "科曼奇"隐身直升机

RAH-66，绰号"科曼奇"，是双座武装、对地攻击和空战直升机。该机研制计划由美国陆军发起，能满足"21世纪部队"的以下五项要求：快速反应支援作战、保护地面部队、信息战优势、遂行精确打击和主宰机动作战。

该机是世界上第一种隐身直升机。RAH-66 是按执行夜间作战任务要求设计的，其夜视设备包括前视红外引导和目标探测系统、电视探测器、激光指示器、座舱显示器和凯塞头盔综合显示瞄准系统（HIDSS）。RAH-66 未采用主动雷达干扰器和主动红外对抗设备，因为 RAH-66 在设计时就已充分考虑了隐身特性。1996 年 1 月 4 日，全隐身的 RAH-66 "科曼奇"武装直升机的首飞成功，标志着武装直升机真正进入全面采用隐身技术的新时代。

RAH-66 采用无轴承单旋翼、涵道尾桨气动布局。该机的雷达截面积仅为"阿帕奇"直升机的 1/630。该机作为武装直升机时，可携带 4 枚"海尔法"半主动激光或雷达制导反坦克导弹，其有效射程超过 8 千米；还可携带 2 枚"毒刺"红外制导空空导弹，具有空中自卫能力；另外，还配备有 20 毫米航炮。作为攻击直升机时，该机可携带 14 枚"海尔法"导弹，62 枚 70 毫米火箭（可广泛撒布子炸弹或灵巧地雷）或 14 枚"毒刺"导弹。该机的全球定位系统、惯性导航系统、多普勒导航系统彼此互补，其目标获取系统、数字化信息传输链相互结合，可使该机为远距

RAH-66 直升机

离指挥官提供及时精确的目标信息，遂行精确打击作战。

"科曼奇"直升机的性能十分优异，它可以 83 千米/小时的速度侧飞和倒飞，并可以以 149 千米/小时速度进行转弯 90° 的贴地飞行。它的电传飞行控制系统有助于驾驶员充分利用直升机的最大飞行速度（324 千米/小时）和机动性，并使其在悬停状态下用不到 5 秒使机头调转 180°。

美国 UH-60"黑鹰"直升机

UH-60 直升机

UH-60，绰号"黑鹰"，是美国在 20 世纪 70 年代研发的一种性能优良的直升机。"黑鹰"的基本型 UH-60A 长 19.76 米，机身宽 2.36 米，高 5.13 米，机身为半硬壳结构。由于大量采用各类树脂和纤维等复合材料，其空重较轻。该机最大起飞重量约 10 吨，最高时速 292 千米/小时，航程 603 千米。

由于"黑鹰"设计非常成功，目前为止已开发出多种变型机，而且美国还向其盟国和其他一些国家转让了生产许可证，所以日本航空自卫队才得以自行生产出 UH-60J 型用于装备部队。SH-60B 多用途舰载直升机是 1984 年改进的 UH-60 的舰载型，加装了 LAMPSIII 反潜作战系统，可执行反潜/舰、救生、联络及运输等任务。这种海军直升机绰号"海鹰"，和陆军型"黑鹰"相比在起落架及尾梁设计上均有很大改动，以适应舰上起降的需求。

"黑鹰"系列的"登峰之作"是外形极其怪异的 MH-60A/G/K"铺路鹰"系列特种作战直升机。MH-

60K 型机在 1990 年 8 月首次飞行，它装备有许多尖端电子设备，如 AN/APQ-124 多功能雷达、红外线前视装置、GPS 卫星导航／定位仪、地形／航向姿态指示系统、数字式移动图形显示仪，以及各种干扰与抗干扰设备。其空中加油设备及挂架上的副油箱能保证 MH-60K 连续飞行 3000 千米以上。这种具有很强的远程渗透能力的 K 型机生产了约 50 架，仅限装备美国陆军第 160 特遣航空队。

"黑鹰"及其各种改型直升机自 1979 年投放市场以来，目前已售出约 3000 架。"黑鹰"真正大出风头是在海湾战争中。1991 年 1 月 24 日拂晓，美军第 101 空中突击师的近 200 架"黑鹰"直升机从沙特北部 13 个地点陆续起飞，深入伊拉克境内 80 千米纵深处的幼发拉底河谷地带，去给实施所谓"左勾拳"行动的美国第 7 军的重装部队建立一个前进补给基地。这群"黑鹰"在空中形成 6 道黑色的走廊，直升机起飞时扬起的沙尘把天空都染黄了，景象蔚为壮观。事后证明，这座由直升机建起的前线补给点对合围科威特境内伊军起到了关键作用。

1994 年 9 月 18 日，美国入侵海地行动中，"黑鹰"直升机再度出任重要角色。美军 40 余架"黑鹰"直升机以"艾森豪威尔"及"美国"号这两艘大型航空母舰为基地，将同舰的第 10 山地师的数千名官兵机降至海地太子港机场。这是冷战后美军的一种全新尝试，即在掌握了制空、制海权的前提下，利用航空母舰将陆军人员一次性运抵战区，在舰载攻击机的支援下，利用随舰的陆军直升机实施垂直登陆。

美国 UH-1 "依洛魁" 直升机

UH-1 是美国贝尔公司研制的军用轻型多用途直升机。该型机的公司编号为贝尔 204，军用编号为 UH-1，绰号"休伊"，但常用的绰号为"依洛魁"。1956 年 10 月 20 日，第一架原型机首次飞行。接着又制造 6 架供部队试用的 XH-40 试用型和 9 架预生

产型HU-1。1958年9月第一架HU-1首次试飞。以后，又生产了最初生产型UH-1A，1959年6月30日开始交付部队。1963年改用UH-1编号。

UH-1"依洛魁"系列直升机各机型在结构上差异不大，主要变化是发动机和旋翼，当然性能和机载设备也有所不同。有以下改进型：A型是最初生产型，可容纳6个座位或2副担架，共生产74架，1959年6月30日开始交付，1961年3月交付完毕。其中有13架于1962年10月配备给越南战场的"通用战术运输直升机连"使用，加装了70毫米空地火箭弹和两挺7.62毫米机枪；另外14架加装了双操纵系统和模拟仪表指令的设备，用于仪表飞行训练。B型重新设计了旋翼桨叶，加长了座舱，可容纳7名士兵或3副担架、2个伤员座椅和1个医护人员座椅或运输1360千克货物。用作武装直升机时，座舱两侧可装火箭发射器和电操纵机枪。UH-1B还可以装其他武器：在M5机头炮塔内可装40毫米榴弹发射器；XM-30武器系统，这个系统由安装在两侧的XM-140型30毫米机炮、中心弹药储存器及火力控制系统组成。UH-1B于1961年3月开始交付，1962年秋，在越南战场上用作武装直升机。该机生产线后来被UH-1C代替。日本富士重工业公司仿制生产了这种直升机，到1973年初，共向日本陆上自卫队交付了90架。以后，该公司改为生产UH-1H。C型于1965年9月研制成功，改装了贝尔540型"门铰链"式新旋翼，新旋翼桨叶弦长增加到69厘米，因此改善了直升机的速度和机动性能，降低了振动和应力水平。发

UH-1H 直升机

动机、座舱和武器装备与 UH-1B 的相同。E 型是美国海军陆战队型。美国海军陆战队用它代替赛斯纳公司的 0-1B/C 固定翼机和卡曼公司的 0H43D 直升机。UH-1H 和 B、C 两种型号相类似，可载 1 名驾驶员和 8 名乘客或 1815 千克货物。1963 年 2 月，第一架 UH-1E 首次试飞。1964 年 3 月 21 日开始交付。生产持续到 1968 年夏季。该机在越南战场上执行运兵和护航任务时，可在座舱两侧的支架上加装两挺 7.62 毫米 M-60 固定机枪，以及两个装 7 枚或 18 枚 70 毫米火箭弹的火箭发射器。F 型是美国空军型，主要执行导弹基地支援任务。第一架 UH-1F 于 1964 年 2 月 20 日首次试飞，1964 年 9 月，首次交付部队使用，1967 年停止生产。该机在越南战场用于执行典型的心理战任务。其他还有美国海军的救生型、美国海军的教练型、美国陆军型，装有休斯公司研制的"依洛魁"夜间战斗和红外跟踪系统，用以在低能见度情况下发现和捕获地面目标。此外，还有 RH-2 型研究直升机等型号，用来试验新仪表和操作系统。

俄罗斯卡-52"短吻鳄"武装直升机

卡-52武装直升机是卡-50直升机改进型，继承了卡-50的动力装置、侧翼、尾翼、起落架、机械武器和其他一些机上设备。卡-52列装俄军后不久就在叙利亚战场上立下战功，打击能力甚至超过苏-25攻击机，被称为俄军的"低空杀手"。该机绰号"短吻鳄"，由阿尔谢尼耶夫"进步"航空股份公司生产。卡-52直升机于20世纪90年代初开始研制，1997年6月25日完成首飞，2008年10月29日投入小批量生产。2009年1月卡-50正式停产。此后，卡-52在生产线上取代了该机。

卡-52直升机的主要任务是对战场实施空中侦察，使突击直升机群能更隐蔽地采取突袭行动，大大降低突袭风险；攻击和消灭敌方坦克、装甲车及地面机械化部队；同敌人的低速空中目标作战。卡-52被称为"智能"型直升机，具有最新的自动目标指示仪和独特的高度程序，能为战斗直升机群进行目标分配，可用于飞行员训练，由于两名乘员座位并排且有自己的操纵装置，因此用于飞行训练和战斗训练十分方便。可执行海航任务，虽然卡-52是专门为陆军航空兵研制的直升机，但在必要时，它也可在舰艇甲板安全着舰。卡-52和卡-50的不同之处在于它采用了并列式双座驾驶舱，这大大扩大了直升机的功能。第二乘员可保障实施侦察或电子对抗、搜索和识别远距离目标，能够满足直升机在昼夜和各种气象条件下完成超低空对地面目标进行突击的需要。卡-52不仅具有

卡-52直升机

与卡-50相同的武器装备、低空飞行能力、装甲防护能力，可进行空战和对地攻击，而且还具有优良的侦察、指挥和控制等功能，可为卡-50起到类似空中预警指挥机的作用。

当然，卡-52也存在不少缺陷。其中，共轴双旋翼的设计至今仍被外界诟病。尽管这一设计提升了卡-52的机动灵活性，却在一定程度上牺牲了飞机自身的安全性，容易导致螺旋桨桨叶缠绕故障，尤其对于载重大、速度快、机动性强的重型武装直升机来说，共轴布局极有可能随着旋翼变形、上下挥舞幅度变大，导致飞机坠毁。另外，共轴式双旋翼在大角度转弯或上升时，机动性明显不足且噪声极大，这种"呼啸而过"的声音极易被敌方发现。其次，虽然卡-52"首创"了可供2名飞行员使用弹射座椅，但至今未有飞行员在卡-52坠机事故中成功逃生，这种弹射座椅的可用性尚待观察。另外，如何克服并列双座布局导致的2名飞行员分工不明确、观察死角大等问题，也是卡-52需要解决的一大难题。

俄罗斯在2016年3月向叙利亚调遣了卡-52和米-28N武装直升机，主要部署在赫梅米姆空军基地。3架卡-52武装直升机参与了2016年3—4月叙政府军解放巴尔米拉和盖尔耶泰因的战役，为叙军提供了有力的支持。

俄罗斯卡-60"逆戟鲸"直升机

俄罗斯卡莫夫设计局研制的卡-60是一种新型的全天候多用途军用直升机，绰号"逆戟鲸"。该机可用于执行战场侦察、对地火力支援以及运送兵员等任务。该机20世纪80年代初开始研制，1998年制成第一架样机，同年12月10日，在莫斯科郊外的柳别尔茨试飞场成功地进行了首飞。在原型机的基础上，卡-60发展的主要型号有侦察型、攻击型、运输型和救护型等。

卡-60侦察型，机上装有陀螺稳定侦察/目标指示器、自动化数据处理及传输设备等，能在复杂地形上空对敌方的地面装甲目标进行远距离侦察、搜索、识别和跟踪，通过数字式数据传输线路将侦察到的目标信息传输给己方的战斗直升机，引导它们实施攻击。卡-60攻击型，上装两挺7.62毫米或12.7毫米口径机枪，机身两侧各带一个B-8V-7型无制导火箭弹发射器，可载空空导弹，用于同敌方的武装直升机进行空战。卡-60运输型，舱内可容纳16名全副武装的士兵或2吨物资。卡-60救护型有6副担架，可运载6名伤病人员，还可随机搭载3名医务人员和14名坐着的伤病员。除上述型号外，卡-60还有舰载型、教练型和民用型。

特别值得一提的是，卡莫夫设计局一改研制共轴式双旋翼直升机的传统和特长，在卡-60上采用单旋翼带尾桨布局，首次在直升机上采用涵道尾桨技术。垂直安定面内装有带11片桨叶的涵道风扇尾桨。与

卡-60直升机

普通尾桨相比,涵道尾桨安全性好,能避免直升机在起飞、降落和低空飞行时,尾桨与地面障碍物相撞,且飞行阻力小,有利于提高直升机的飞行速度,从而满足了军方对新直升机提出的重量适中、速度快的要求。由于卡-60的起飞重量为6.5吨,介于中型直升机与轻型直升机之间,填补了俄罗斯直升机目前所缺乏的机型空白。

卡-60直升机装有自动导航仪、雷达和夜视系统,以及激光告警和红外干扰机等设备,可保证直升机在任何气象条件下昼夜飞行。驾驶舱内有两把并排的飞行员座椅、2套操纵机构,分别由2名驾驶员独立操纵。卡-60采用可收放式后三点起落架,起落架装有吸能性能好的减震支柱。当直升机在紧急情况下撞击地面时,减震支柱可吸收大部分撞击能量,从而保障飞行员的安全。为防止直升机坠毁时失火,卡-60上装有抗坠毁油箱。机身两侧都设有专用的应急出口。卡-60进一步增强了俄罗斯陆军航空兵的总体作战能力。

俄罗斯米-12"信鸽"直升机

　　米-12重型直升机为苏联所生产的大型直升机,由苏联米里设计局于1965年开始研制,绰号"信鸽"。早期设计师为米里,米里去世后由李森科负责。该机采用并列双旋翼布局,有两个5叶旋翼,配备4台D25VF涡轮轴发动机,单台功率4125千瓦。机翼为反梯形,翼稍比翼根宽。起落架为前三点式。机组6人,载客120人。后来,由于研制工作不顺利,且涡轮轴发动机取得较大进展,使超大型直升机采用常

米-12直升机

规布局成为可能，于是，米里设计局放弃了"信鸽"直升机的研制，转而研制米-26直升机。米-12项目下马。还有一架原型机保存。

为便于维护动力装置和桨毂，每对发动机的整流罩侧板可向下打开，发动机下部整流罩可用手摇把放低1.8米，成为可容纳3人的维护平台。圆柱形的外部油箱安装在座舱两侧。机身全金属半硬壳式结构，后部有蛤壳式货舱门及装卸跳板。跳板下有两个减震垫。尾部装置尾部采用全金属结构，包括中央主垂尾和方向舵，小的背鳍水平尾面，升降舵，端板式辅助垂直尾面。

座舱前部有驾驶舱，舱内并排安置正、副驾驶员座椅，正驾驶座位在左，副驾驶座位在右。正驾驶员后面为随机机械师，副驾驶员后面为电气技师。驾驶舱上面是领航舱，领航员和报务员前后排列。驾驶舱和领航员舱前面的风挡玻璃装有雨刷。舱内有橡皮叶片的冷却风扇，为机组人员起冷却作用。座舱内沿侧壁约有50副向上折叠的座椅供押运货物的人员和士兵乘坐。货舱内畅通无阻，装有电动平台式起重机，可沿货舱顶部的轨道移动。起重机有4个起吊点，每点可起吊2500千克货物，4点同时起吊可吊起10000千克货物。

俄罗斯米-17"河马"直升机

米-17，绰号"河马"，是苏联米里设计局设计的米-8MT直升机的外销型号，我国于1972年开始引进，至今已达数百架，成为我国陆军航空兵直升机装备的中坚力量。

米-17是米-8系列直升机中的集大成者，它吸取了米-8在长期使用中积累的宝贵经验。米-17装有2台TB3-117MT涡轮轴发动机，与苏联第二代燃气涡轮发动机相比技术水平有了质的飞跃。发动机压气机转子由独立的钛质圆盘通过电子束焊接制成；压气机工作叶片及导向器叶片采用钛合金冷轧方法制成；发动机滑油腔采用接触式石墨密封方法。此后，苏联生产的所有燃气发动机均借鉴了这一先进技术。

米-17的结构和部件布局合理，部件易拆卸，具有互换性，无须使用专用工具即可在使用过程中高质量地进行维护、改装和修理。其最大起飞重量达到13000千克，静升限为1700米，单发连续飞行重量12000千克。米-17直升机可用于以下用途：运送人员(不超过24人)；机内运送货物(不超过4000千克)；外挂运送货物(不超过3000千克)；担架运送伤员(不超过12人)；16～18米高度悬停时可利用软梯上下人员；悬停状态利用电动绞车吊放货物或人员，完成救生工作。

1982年10月，苏联国防部颁布了武装部队使用米-8MT(米-17)的命令，之后开始大量装备苏联空军部队，米-8MT是阿富汗战场上苏军使用数量最多的

米-17直升机

直升机之一。在出口方面更是独占鳌头，约占苏联直升机出口总量的 80%。

自 20 世纪 70 年代批量生产米-17 以来，作为米-8 系列直升机最有代表性的改型，一直以其通用性和良好的飞行性能占据最重要的位置。目前，米-17 在喀山直升机厂批量生产的主要有 3 种改型：米-172（客机改型）、米-17B-5（运输机改型）、米-17-1B（多用途改型）。

俄罗斯米-24"雌鹿"直升机

米-24，绰号"雌鹿"，是苏联空军第一种攻击型直升机。它是在米-8直升机的基础上研制成功的。主要的功能包括直接空中支援、反坦克、空战、武装护送和运输等。米-24是苏联在阿富汗战争中的主要作战飞机之一，已经成为这场战争的"形象大使"。米-24"雌鹿"的性能很像美国的AH-64"阿帕奇"，但它和"阿帕奇"以及其他西方国家攻击直升机不同的是，它还能搭载和运输8名作战人员。苏联当年在欧洲部署了相当数量的米-24直升机。苏联解体以后，俄罗斯继续生产和部署米-24，而且有不少出口到发展中国家。

米-24直升机

米-24直升机的5叶主旋翼安装在机身中央的上方。携带武器的固定机翼也置于机身的中央两侧，两台涡轮轴发动机紧贴机身上方，前面有两个圆形的进气口。"雌鹿"A型的机身呈橄榄型向尾梁逐渐变细。座舱采用内嵌式玻璃。D型的前端做了改进，下面有炮塔座舱盖呈气泡型。有些型号的米-24的尾旋翼置于右侧。

固定机翼下方共有6个外挂点。典型的反坦克弹药配备是8枚AT-6反坦克导弹，750发30毫米炮弹，2个57毫米火箭吊舱发射台。装运作战人员的部位也可以改成弹药舱。装甲座舱和钛合金旋翼根部可阻挡20毫米炮弹的射击。该机配有在核、生、化战场作战的超压作战系统。

米-24在向前飞行时，固定翼可提供22%～28%的升力。在低速倾斜转弯时，固定翼会丧失升力从而增加旋转翼的负担。要改变这种情况，就必须增加航速。米-24往往成双或者成群作战以便能够从各个角度对目标进行攻击，避免做低速倾斜转弯的飞行。俄罗斯空天军于2015年9月行动开始时在叙利亚部署了包含米-24/35在内的武装直升机大队，2017年12月31日，一架俄军米-24直升机在叙利亚境内紧急迫降时坠毁，两名飞行员不幸遇难，坠毁地点距离哈马市机场15千米。俄罗斯国防部称，技术故障是直升机坠毁的原因，直升机坠毁前没有遭到火力攻击。

俄罗斯米-28N"浩劫"直升机

米-28N武装直升机,绰号"浩劫",由米里设计局研制,于1996年11月4日完成首次试飞。米-28N武装直升机主要用于全天候搜索和摧毁地面装甲目标、小型空中目标以及敌人的有生力量,堪称21世纪的"夜鹰"。

米-28N是在借鉴和吸取米-28A(昼间型)和米-24经验的基础上研制而成的。为提高米-28N的抗坠毁能力,米里直升机制造厂的专家对武装直升机的事故原因进行了全面分析和研究,发现45%的飞

米-28N直升机

行事故发生在80米低空。为此，米里直升机制造厂研制出了由抗震起落架和抗震座椅组成的被动式抗震防护系统，从而确保直升机在以每秒12米的垂直速度坠地时机组人员的生命安全。

为了对两种武装直升机的作战性能做出公正的结论，瑞典直升机专家对其进行了试验比较。当时，提交给瑞典做试验的是米-28A，试验结论是："米-28A直升机具有惊人的超负载能力，光学性能优良，并具有很好的操纵性，任何一个技术不够娴熟的机组都可很快地学会驾驶米-28A。米-28A的战场生存能力很强，座舱和重要机载设备均可抵御敌火力武器的攻击。米-28A可受到机载安全防护系统的保护。"瑞典陆军航空兵试飞中心主任埃斯霍利姆认为，"米-28A坚固的外壳和可操作性能最适用于野外条件下的作战行动。"

一直被媒体比肩美国"阿帕奇"的俄罗斯米-28"浩劫"武装直升机最近老树开新花，俄军于2019年6月23日收到了第一批2架最新改进型的米-28NM武装直升机（量产型），开启了米-28家族的新篇章。2011年7月29日，米-28NM原型机（机号为黄色X01）下线，直至2016年10月一直在进行各项试飞，此后至少有一架米-28NM原型机（其实是换装了新设备的米-28N，用于米-28NM的技术验证）在叙利亚进行了战斗测试。2017年12月，俄罗斯国防部与俄罗斯直升机公司签订了一份合同，生产第一批米-28NM量产型武装直升机，首架量产型米-28NM（机号为红色70）于2019年4月首飞，此时该机外形与原型机已有较大差别。2019年6月27日，在第5届"军队-2019"国际军事技术论坛期间，俄军方再次与直升机公司签订了一份合同，在2027年底前交付98架米-28NM，米-28NM终于获得了准生证，开始投入批量生产。米-28NM的设计师积极适应新战法新战术，认真考察了中东战场上广泛出现的无人机作战新趋势，在设计时强调了米-28NM与无人机的联动协作，使无人机成为米-28NM的又一双眼睛。米-28NM实质上是"旧瓶装新酒"，在其变化不大的机体内是俄罗斯武装直升机设计师们对未来战争发展的深度思考，这对他国武装直升机的改进改型提供了很好的思路。当然，这一切的改进改型方案都要建立在一颗蓬勃跳动的心脏——先进的直升机发动机上，VK-2500发动机为米-28NM"老树开新花"奠定了坚实基础。

南非"茶隼"直升机

2012年4月1日,在丹尼尔航空公司约翰内斯堡工厂举行的交付仪式上,南非空军卡罗·贾基诺中将正式接收了5架"茶隼"武装直升机。同时,"茶隼"直升机的型号合格证也在该仪式上被正式授予。贾基诺称"这是南非空军的一个历史性时刻"。丹尼尔集团首席执行官泰利·萨迪克补充说,"茶隼"是独一无二的,它的诞生代表了南非工程和先进制造能力的胜利。

"茶隼"的设计始于1984年末,阿特拉斯公司为此采取了慎重的研制方法,制造了基于SA330L"美洲豹"的XTP-1和XTP-2(用于实验性的试验平台)概念验证和系统试验台,用于武器、航电系统及材料的试验。"羚羊"直升机也采用了其中的一些技术,"羚羊"与"超美洲豹"直升机的吨位相同,"超美洲豹"直升机是南非空军运输直升机机队的主力机型。

代号为XDM的第一架"茶隼"原型机(实验发展型)可谓生不逢时,XDM于1990年1月15日下线。1990年2月11日首飞,此时正值纳米比亚从南非独立的前一个月。由于纳米比亚的独立,南非不再需要"茶隼"直升机,因此政府叫停了该项目。尽管"茶隼"项目受预算缩减困扰多年,但阿特拉斯公司一直坚持这一非洲唯一的专用武装直升机的研制,政府暂停对其资助后,该项目主要由公司自有出资,期望获得出口用户的青睐。1992年,"茶隼"的先进验证型(ADM)首飞成功,1996年11月,工程发展型

"茶隼"直升机

(EDM)首飞成功。尽管看起来像是一架全新的直升机，但实际上，"茶隼"采用了一些从"美洲豹"和"超美洲豹"反向设计的零部件，包括后者的发动机。对于南非来说，由于缺乏必要的时间、经费、经验和技术，白手起家完全自主设计一架武装直升机是不现实的。"茶隼"的旋翼头和主起落架为法国制造。旋翼桨叶和主、尾减速器部件为法国设计，本地制造。

1994年5月，"茶隼"首次在米德尔瓦洛普国际航展上展出，随后不久在法恩伯勒航展展出。"茶隼"的表现颇受飞行员的赞扬，成为该项目的有力竞争者之一，但最终还是输给了"阿帕奇"。

"茶隼"无法获得出口销售的成功，其中很大一部分原因是它的航电系统和其他关键系统没有达到标准，而且直升机需要很多年才能够达到完全作战能力。但是现在的"茶隼"俨然已成为一种高性能的攻击直升机，可与欧洲、俄罗斯和美国的先进机型相媲美。

法国"云雀"Ⅲ直升机

"云雀"Ⅲ是欧洲直升机公司法国国营航宇工业公司在20世纪50年代末，在"云雀"Ⅱ基础上发展而来的涡轮轴发动机驱动的轻型多用途直升机，主要用于战术运输、空中观（侦）察、伤员救助和飞行吊运等。"云雀"原型机于1959年2月28日首次试飞，1961年开始批量生产。其中，早期型SA-316装备1台"阿都斯特"Ⅲ型涡轮轴发动机。1969年底之前交付的均称SE-3160型，1970年后交付的称SA-316B，改装"阿都斯特"ⅢB发动机，有效载重提高，1972年起生产SA-316C型，改装"阿都斯特"ⅢD发动机。1967年，又改装出新的改型SA319B，是从SA-316C发展出来的，1971年投产。改装"阿斯泰

"云雀"直升机

祖"ⅩⅣ型涡轮轴发动机，油耗节减25%。至1985年5月为止，已有1455架"云雀"Ⅲ交付给世界上74个国家的军、民用户。

"云雀"Ⅲ全长12.90米，机身长10.03米，机宽2.60米，全高3.00米，有地效悬停高度3100米，无地效悬停高度1700米，航程605千米，空重1146千克，最大起飞重量2250千克，最大巡航速度197千米/小时，最大爬升率4.5米/秒，乘员1人。该机拥有一个卵形机身，前半部是玻璃曲面舱盖，视界极好，后机身上方是裸装的发动机，尾撑细长。"云雀"Ⅲ是带尾桨的单旋翼直升机，主旋翼与尾桨各装3枚桨叶。其前三点起落架为固定机轮式，也可加滑橇。垂尾为双枚形式，装在小平尾左右。座舱有2排座位，前排3座，后排4座，也可拆去。"云雀"Ⅲ用于反潜时，可带拖曳式磁探仪及2枚MK·44型自导鱼雷。用于反舰时，可带2枚AS·12型有线诱导空地导弹，可击毁小型船艇，并拥有"鱼叉"反舰装置。用于执行攻击任务时，可带陀螺稳定瞄准仪及7.62毫米机枪（带弹1000发）或20毫米机炮（带弹480发），或外挂4枚SA-11或SA-12空地有线制导导弹。用于运输时，可载5人或吊运750千克物资。"云雀"是享有盛名的法国轻型军用直升机，在1991年的海湾战争中曾使用。

法国"小羚羊"直升机

"小羚羊"5座轻型多用途直升机,公司代号SA-341和SA-342,是法国国营航宇工业公司(后有英国韦斯特兰公司及联邦德国伯科夫公司合作)研制的,设计始于1964年,原型机SA-340试飞于1967年4月7日。1971年5月13—14日,SA-341(预生产01号机)创造了3项EIC级世界直升机飞行速度纪录,在3000米、25000米直线航段上和100000米

"小羚羊"直升机

闭合航线上分别达到310千米/小时、312千米/小时和296千米/小时的高速度。

"小羚羊"直升机空重917千克,最大起飞重量1800千克,全长11.97米,机身长9.53米,全高3.19米,机宽2.02米,最大巡航速度268千米/小时,最大爬升率6.8米/秒,实用升限4500米。该机也是一架带尾桨的单旋翼直升机,但其尾桨采用较先进的涵道尾桨形式,主旋翼可折叠。机身呈鸭蛋形,前半部由曲面玻璃包围,视界良好。1台"阿斯泰祖"XIV型涡轮轴发动机安装在后机身背部。三垂尾,两小一大。起落架为双滑橇式,全机布局近似于"云雀"Ⅲ。在机舱内有2排座椅,前排可坐1～2名驾驶员,后排可坐3人,但也可装货。可外吊700千克货物,拥有135千克的绞车,可载2副担架或照相侦察器材,若作为武装攻击机用,可装2个"布朗特"68毫米或FZ70毫米火箭弹吊舱,也可外挂2枚AS12有线制导空地导弹及陀螺稳定瞄准具,或外挂4～6枚"霍克"("陶"式)有线制导反坦克导弹。此外,也能选挂2挺7.62毫米机枪或1门GIAT20毫米机炮。"小羚羊"的改型有多种,其中SA-341G民用运输型,是世界上第一种被国际民航组织批准的单人驾驶仪表飞行第一类直升机(现已达第二类水平)。至1985年各型"小羚羊"直升机共生产1200架。

法国"海豚"直升机

"海豚"是法国国营航宇工业公司研制的一种很有名的轻中型军民两用单桨式多用途直升机。有单发和双发型两种。按发展顺序,最早出现的是单发的SA-360C与SA-361,别称"海豚"。稍后出现了双发的SA-365C、SA-365N和SA-365F,别称"海豚"-2。1972年6月2日试飞了原型机,1973年5月,曾创造了3项直升机世界速度纪录。

该机全长13.20米,机身长10.98米,全高3.50米,机宽3.15米(水平安定面翼展),空重1637千

"海豚"直升机

克，最大起飞重量 3000 千克，有效载荷 1300 千克（外载），1420 千克（内载），最大航程 680 千米，续航时间 4 小时，极限速度 315 千米/小时，最大巡航速度 275 千米/小时，最大爬升率 9 米/秒，乘员 2 人。它仍为单发直升机，可挂 8 枚"霍特"导弹或 20 毫米机炮、火箭和 7.62 毫米机枪，也可运载 10 名突击队员。

"海豚"真正得到发展是进入了双发动机的"海豚"-2 时代。"海豚"-2 的第一个改型是 SA-365C，它从 SA-360 发展而来，改装 2 台"阿赫耶"涡轮轴发动机，单台功率 484 千瓦，是民用型，起落架采用双滑橇或固定后三点型。SA-365N 则是 SA-365C 的改进型，1979 年 3 月试飞，尾翼加大，并对一些整流罩、舱门及桨叶做了修改。与"海豚"SA-360 相比，除改成双发外，起落架改成前三点型，机头罩（前风挡下的机鼻）也较明显地前突。而与 SA-365C 相比，起落架从后三点改为前三点并能全部收入机身，减少了飞行阻力。此外，取消了中央操纵台，座舱内空间扩大，机鼻扩大可容纳雷达，旋翼改进，携油量从 640 升增至 1140 升，航程明显延长。发动机也用"阿赫耶"-1C 替代了"阿赫耶"-1A。SA-365N 可载 13 名乘客，也可吊挂 1600 千克重物，可安装全套反潜反舰武器，包括全向雷达及鱼雷 2 枚。

法国"黑豹"直升机

"黑豹"是法国国营航宇工业公司在"海豚"-2的基础上为陆军航空兵和海军发展的多用途军用直升机。原型机于1984年2月首次试飞,1988年开始交付。"黑豹"原编号SA-365K,1990年1月改称为AS-565。目前的型别有AS-565AA、AS-565CA、AS-565UA和AS-565"黑豹"-800。

"黑豹"(陆军/空军型)直升机全长13.74米,机身长12.07米,机宽4.20米,全高4.07米,空重2690千克,有效载荷1600千克,最大起飞重量4100千克,有地效悬停高度3200米,无地效悬停高度2500米,乘员2人,4片桨叶,旋翼直径11.93米,

"黑豹"直升机

极限速度 296 千米 / 小时，最大巡航速度 278 千米 / 小时，最大爬升率 8 米 / 秒，航程 740 千米，动力装置为 2 台 TM333-1M 涡轮轴发动机，单台功率 680 千瓦。军械设备包括 6～8 枚"霍特"反坦克导弹，1 门 20 毫米机炮，72 枚 68 毫米火箭弹，以及夜视瞄准具和前视红外仪等。机体涂有红外线抑制涂料，可降低雷达信号。其飞行控制伺服系统和发动机的控制系统均具备同样的防护能力。机载设备还装有 SFIM155 自动驾驶仪、夜视镜、雷达警告接收机、红外干扰器和干扰物投放器等。它大大加强了在作战地域的生存能力，机身复合材料使用比例增加了 15%。座椅可防弹，油箱中弹后可自封，带电缆剪（用于割断飞行中遇到的电线）。座舱加强了抗坠毁能力，可抗 15g 过载，有夜视仪及电子干扰设备，座舱更适合于贴地飞行。"黑豹"主要用于高速突击运输，可在 400 千米范围内运送 2 名机组人员及 10 名士兵，或在 11 千米半径内每小时运送 60 名士兵。机身两侧可挂 22 枚 68 毫米火箭弹加 19 枚 70 毫米火箭弹及 1 具 20 毫米炮舱，可连续执行 3 小时的火力支援。用于反坦克作战时，可改挂 4 枚"霍特"导弹。当进行直升机"空战"时，可挂 4 枚空空导弹加 1 门机炮。此外，"黑豹"还能执行武装侦察、反舰、反潜、搜救、伤员后撤（4 个担架）或外吊 1600 千克物资的运输任务。

"黑豹"海军型是在"海豚"-2 的基础上为海军研制的多用途军用直升机。1990 年 1 月编号为 AS-565SA 武装型，用于反舰反潜；AS-565MA 非武装型，主要用于搜索、救援和海上侦察。

法国"美洲豹"直升机

"美洲豹"是法国国营航宇工业公司 1963 年 1 月开始研制的双发中型多用途运输直升机。1967 年,英国的韦斯特兰公司加入研制行列。原型机试飞于 1965 年 4 月 15 日,1969 年春天开始服役。"美洲豹"主要改型有:SA-330B,法国陆军型;SA-330CAH,出口军用型,非洲用;SA-330E,英国空军型;SA-330FAG,民用型;SA-330JAL,改复合材料桨叶的军用型,外吊能力高达 7500 千克,1978 年 4 月成为西方第一种获得全天候飞行适航证的直升机,进气口有防沙防浪装置;SA-330Z,涵道尾桨的试验型号。至 1985 年 1 月,已有 692 架"美洲豹"直升

"美洲豹"直升机

机销往46个国家。此外，罗马尼亚与印度尼西亚还仿制了100多架。"美洲豹"直升机在许多国家使用性能良好。SA-330有一个高度相对较大的粗短机身，尾撑平直，机身背部并列安装2台"透默"Ⅳ·C型涡轮轴发动机，最大功率1176千瓦。机头为驾驶舱，飞行员1～2名，主机舱开有侧门，可装载16名武装士兵或8副担架加8名轻伤员，也可运载货物，机外吊挂能力为3200千克，可视要求带导弹、火箭，或在机身侧面与机头分别装备20毫米机炮及7.62毫米机枪。SA-330采用前三点固定起落架，是一种带尾桨的单旋翼布局直升机，旋翼4叶，尾桨5叶。

AS-332"超美洲豹"是双发多用途运输直升机，是AS-330"美洲豹"的改型。1974年开始设计，1977年9月5日首次试飞。"超美洲豹"军用型于1990年被重新命名为AS-532"美洲狮"（Cougar）。AS-332"超美洲豹"/AS-532"美洲狮"的主要型别有 AS-5320C、AS-532UL、AS-532AC、AS-532AL、AS-532SC、AS-532MC 和"超美洲豹"MKⅡ。

意大利 A-129"猫鼬"直升机

A-129 是意大利阿古斯特公司专门为意大利陆军航空兵研制的专用轻型反坦克武装直升机,也是欧洲研制的第一种专用武装直升机。公司编号为 A-129,绰号"猫鼬"。该机于 1978 年开始研制,第一架原型机于 1983 年 9 月 15 日进行了首次试飞,1987 年开始服役,有空中侦察、轻型攻击、指挥、电子支援/对抗、海军等型。

A-129 直升机

A-129机长14.29米，机宽0.95米，机高3.32米，空重2529千克，最大起飞重量4100千克，速度270千米/小时，升限4000米，航程700千米，续航时间3小时5分钟。单旋翼、带尾桨，机身体积小、狭窄，仅宽0.95米。重要部位有装甲防护。翼下4个挂架，每个挂架最多携带300千克武器载荷，最多携带8枚"陶"-2或"陶"-2A反坦克导弹、2挺7.62毫米或12.7毫米或20毫米机枪，或2个7管火箭发射巢，也可携带8枚"海尔法"反坦克导弹，或8枚"霍特"导弹，或装"响尾蛇"等空空导弹。它具有全天候反坦克和火力支援能力，也可用来执行侦察和其他多种任务。

A-129是一种令意大利陆军引以为荣的直升机。A-129的座舱内配备有红外夜视系统，即使在夜间，A-129也能贴地飞行。最与众不同的是：A-129的飞行员配备有头盔式瞄准系统，前视红外传感器观测到的目标可立即传给驾驶员及副驾驶员的头盔瞄准系统，并在眼镜上显示出数据来，飞行中的一些数据资料也可以传输到头盔瞄准系统上。副驾驶员兼射手可以利用头盔瞄准系统直接瞄准，并负责操作电视、红外观测系统和激光测距系统。这些设备赋予了A-129全天候及在恶劣天气下的作战能力。由于性能优越，在意大利参加的多次联合国维和和北约军事行动中，A-129都很好地完成了使命。为了使A-129在21世纪也不落后，意大利计划对A-129进行改进，其中包括加装桅杆瞄准具和激光测距系统等。

意大利"猫鼬"最早执行海外任务是在1993年，

参与联合国在索马里的维和行动；2005—2006年，一批A-129C被派到伊拉克；在2009—2014年，相继有10架"猫鼬"进驻阿富汗。至于AH-129D的首次海外之旅是2014年11月的阿富汗，目的是在复杂环境中测试"长钉"导弹。而自2016年5月以来，共有4架AH-129D参与到了意大利地面部队在伊拉克摩苏尔地区同"伊斯兰国"武装的交战中，据称表现令意军方满意。虽然意大利议会在2016年11月同意了研发一款新型武装直升机的动议案，但是相关资金仍一直没有着落。根据意大利陆航的规划，就算新型武装直升机在理想状态下能够在2025年开始服役，"猫鼬"也至少还会再用上10年。

英国"海王"直升机

"海王"是英国韦斯特兰直升机公司在美国西科斯基公司的 SH-3D 基础上发展起来的先进中型反潜多用途直升机,也是 H-34 的后继替代机型。在开发初期,其军用代号为 HSS-2,公司代号为 S-61。该机是西方世界 20 世纪 70—90 年代海上反潜直升机的主力机种。除了执行反潜作战任务之外,还可以担任搜索、救援、运输等多种任务。

1959 年 3 月 11 日,原型机 HSS-2 试飞,1961 年 9 月开始在海军舰队中服役,1962 年 2 月 5 日,公司一架 S-61 创造了时速 339 千米的直升机世界纪录。1962 年 4 月,空军开始试用 HSS-2,后成为 CH-3B,11 月,空军正式采用。1965 年 3 月 6 日,一架 SH-3A 以直线距离 3405 千米的成绩,飞出了横越北美大陆的直升机新纪录。

该机最大允许速度 226 千米 / 小时,实用升限 1220 米,作战半径 330 千米,航程 1482 千米。它的机身长 17.02 米,机身宽 4.72 米,最大内部载重 3628 千克。机上安装了先进的无线电和导航设备。值得一提的是,该机机腹下安装了防护钢板,可以抵挡轻武器的袭击,即使被重机枪击中也会安然无恙。"海王"直升机可载 22 名海上遇难者或 28 名士兵或 9 副担架,或 6 副担架加 15 个座椅。

1995 年 7 月底,波黑地区战事不断,英国维和部队的一架"海王"武装直升机从克罗地亚的一个基地起飞,飞往波黑中部执行维和任务。当直升机飞到萨

"海王"直升机

拉热窝上空时,飞行员突然感到机身腹部有些异样,紧接着又感到机身被击中。飞行员清楚,直升机遭到了地面火力的袭击。飞行员一面操纵飞机一面向地面指挥部报告:我被地面火力击中,请求空中支援!地面指挥部立即命令飞行员在萨拉热窝附近的波黑中部某地降落。飞行员凭借着高超的驾驶技术,使这架被地面炮火击中的直升机摇摇晃晃地降落在草坪上。当飞行员走下直升机,看到被击中的部位后大吃一惊:直升机的油箱被击中,开始渗油;机身上被打出许多小孔,一些线路被打断。如果再晚一点儿降落,如果飞行员的技术不过硬,那么后果是十分可怕的。事后,飞行员对记者说:直升机之所以能带伤安全着陆,除了飞行员的技术外,"海王"直升机的性能好、易操纵也是一个十分重要的因素。

英国"山猫"直升机

"山猫"是英国韦斯特兰直升机公司和欧洲直升机法国公司联合研制的多用途直升机。第一架原型机于1971年3月21日首次试飞,它可执行战场攻击、反坦克、侦察、为运输直升机护航、搜索和救援、联络和指挥、后勤支援、货物和兵员运输等多种任务。

"山猫"旋翼直径12.80米,尾桨直径2.21米,机长15.16米(旋翼、尾桨转动),机宽2.94米(旋翼桨叶折叠),机高2.96米(至桨毂顶部);基本重量2658千克,最大起飞重量4535千克;最大巡航速度259千米/小时,最大爬升率756米/分钟,悬停

"山猫"直升机

高度 3230 米（无地效），最大航程 630 千米。执行反坦克、武装护航等任务时，可以携带 20 毫米机炮、7.62 毫米机枪或火箭弹发射器和各种反坦克导弹。海军型的"山猫"可携带鱼雷、深水炸弹或空舰导弹等攻击武器。

"山猫"直升机的特点是速度快、隐蔽性和机动性好、火力强、可全天候作战、易于操纵和维护。"山猫"可执行多种任务，陆军型可执行反坦克、搜索和救援、武装护航等任务；海军型不仅能够反潜，而且还能对水面目标、陆地目标甚至空中目标实施攻击。1982 年 4 月，英国和阿根廷为争夺马尔维纳斯群岛发生了战争，4 月 25 日 6 时许，英国海军"山猫"直升机在巡逻中发现了阿根廷"圣菲"号潜艇，用深水炸弹、导弹和机枪火力将其击伤，该艇后来在拖曳中沉没。在整个战争期间，英军的"山猫"直升机还击沉和重创了阿军巡逻艇各 1 艘，并参与了击沉阿货船"卡尔兴拉尼亚河"号的战斗。在 1991 年初的海湾战争中，"山猫"再显身手。1 月 30 日，英国海军特遣舰队的"山猫"舰载直升机发射"海鸥"空舰导弹，击沉了 3 艘伊拉克舰艇，其中包括重型扫雷艇和导弹巡逻艇各 1 艘。2 月 8 日，"山猫"在科威特近海再次击沉伊拉克快艇 1 艘。3 天以后，即 2 月 12 日，英国海军又一次出动"山猫"舰载直升机，对在科威特海域游弋的数艘伊拉克高速巡逻艇发起攻击，用"海鸥"空舰导弹击沉其中的 1 艘。这样，英国海军特遣舰队在 2 周时间内使用"山猫"舰载直升机击沉 5 艘伊拉克海军舰艇。

"群鹰荟萃"他类飞机

电子战飞机,又称电子干扰机,是指专门进行电磁斗争的飞机。它的主要任务是对敌方的雷达和通信设备进行电子侦察、干扰、攻击,降低敌方作战体系的效能,支援己方的作战飞机完成作战任务。电子战飞机通常分为电子侦察机、电子干扰机和反辐射飞机,其中电子侦察机与电子干扰机日益结合在一起。现代战争表明,在电子对抗飞机的支援下,突防作战飞机的战损率可由20%降低到2%～3%。

反潜机是载有侦察与攻击潜艇用的武器装备的军用飞机,可分为岸基、舰基和水上三类。其中,岸基反潜机多为重型机,一般总重量在50吨以上,能在数百米高度上以300～400千米/小时的速度活动10小时以上。舰基反潜机总重量在20吨左右，以航空母舰为基地，承担舰队责任区域的反潜任务，巡逻速度为高亚声速。水上反潜机能停泊在水面上，悬放声呐，机身粗大，飞行阻力大，航程短，只能在近海执行反潜巡逻任务。反潜机一般都具有较好的低空、低速性能，航程和续航时间较长，能够在较短时间内对较大区域进行反潜搜索与作战。

教练机是专门训练飞行人员的飞机，包括训练飞行员的教练机和训练空中领航员、通信员、雷达员等训练用的专业教练机。训练飞行员的飞机是专门设计研制的飞机，训练领航员等其他飞行人员的飞机通常由轰炸机、运输机等飞机改装而成。由于教练机是飞行员专门用来练习各种飞行技能的，这就要求飞机的各种基本飞行性能教练机都要有，而且容易操作，与其他飞机相比，需要有更长的使用寿命，L15高级教练机的机体寿命就达1万小时。而且要求运行成本更低廉、维修更简单。

靶机是指用作靶标的机器或装置。广义的靶机是指飞机、靶弹、拖靶和浮靶等的总称，一般情况下，特指飞机类的模拟目标。靶机的具体作用主要体现在：提供运动目标、提供目标特性目标、提供试验和鉴定标准。

美国 EA-6B "徘徊者" 电子战飞机

绰号"徘徊者"的 EA-6B 是一种新型舰载电子战飞机，是在 A-6 攻击机的基础上发展起来的。EA-6B 是美国格鲁曼公司在 EA-6A 的基础上改进研制的 4 座舰载电子干扰机，主要用于通过压制敌人的电子活动获取战区内的战术电子情报来支援攻击机和地面部队的活动。

1968 年 5 月第一架原型机试飞，1971 年 1 月开始交付部队，立即投入越南战争使用，成为美军使用的主要电子战飞机。

EA-6B 的座舱可容纳 4 名空勤人员，1 名驾驶员，3 名电子对抗操作人员，飞机可载电子对抗设备近 4000 千克，主要有各种干扰机、综合接收机、干扰投放器等。

该机在战术运用上比较灵活，既可实施伴随护航干扰，又可实施远程护航干扰。它的机身偏小，多采取外挂干扰吊舱形式，外挂总重可达 2155 千克。

EA-6B 电子战飞机

美国 EF-111A "渡鸦" 电子战飞机

EF-111 电子战飞机

EF-111A 是美国空军委托美国格鲁曼公司在通用动力公司 F-111A 机体的基础上研制的专用电子战飞机,绰号"渡鸦",用以取代 EB-57、EB-66 电子战飞机。

EF-111A 能执行以下三类任务:远距离干扰,在敌方地面炮火射程以外建立电子屏障,掩护自己的攻击力量;突防护航干扰,伴随攻击机沿航路连续干扰敌炮瞄准雷达与导弹制导雷达;掩护近距支援攻击机。EF-111A 的机体、发动机与 F-111A 基本相同,但加强了垂尾,在垂尾翼尖上有电子战短舱。修改了武器舱,加装了机身腹下舱。电源系统改用两台 90 千伏安的发电机,改进了空调系统。EF-111A 是专用电子战飞机,没有用于空战和攻击地面目标的武器装备,通常需要和"野鼬鼠"反雷达飞机和战术攻击机、战斗机等一起出动。

美国 P-3C "猎户座" 反潜机

P-3 "奥利安"岸基反潜机,是根据美国海军要求,由洛克希德公司于1957年设计的。1958年8月19日直接由民航机改制的第一架P-3原型机试飞,用作气动力试飞。1959年11月25日第二架原型

机 YP-3A 试飞，试验电子系统。1961 年 4 月 14 日，该型机的最初的生产型 P-3A 首次试飞。P-3C 空重 27890 千克，正常起飞重量 61235 千克，最大起飞重量 64410 千克。设计零燃油重量 35017 千克，最大着陆重量 47119 千克。

P-3C，绰号"猎户座"，是 P-3 系列中产量最大、应用国家最多的一种机型，也是装"埃钮"系统的新型号。"埃钮"系统的核心是一台尤尼瓦克公司的数字计算机。可以综合所有的反潜信息进行自动战术数据复现、显示和传输，从而避免了大量常规人工工作，使机组人员有足够的时间进行战术决策。P-3C 于 1968 年 9 月 18 日首次试飞，1969 年服役。为了提高其作战性能，美国海军为 P-3C 机载计算机增加 1 个磁鼓，使存储能力增加 7 倍。同时还增加了 1 个红外探测系统（IRD3）和声呐浮标参考系统，包括"鱼叉"导弹和控制系统。反潜电子设备方面增加了 1 台新的声学处理机，以更好地分析从海上接收到的信息；还增加了 1 台新的声呐浮标接收机，最后还改进了环境控制系统，调节电子设备产生的热量，进一步改善乘员的舒适性。P-3C 更新型机于 1977 年 4 月 29 日交付美国海军，第一架生产型于 1975 年 1 月交付使用。日本定购了数十架 P-3C，并购买了该型机的生产许可证。除日本海上自卫队装备有大量 P-3C 以外，驻西太平洋地区的美国海军也装备了 P-3C。

P-3C 反潜机

美国 PT-17"西点军校生"教练机

PT-17 教练机

PT-17 是美国波音·斯梯曼飞机公司 20 世纪 30 年代生产的初级教练机,绰号"西点军校生"。美国海军航空兵以 N2S-1 等军用型号购买了 250 架,美国陆军航空兵使用的则称为 PT-17。海军型与陆军型的机体相同,不同点在发动机:海军 N2S-1 采用大陆公司的 R-670-1 发动机;陆军 PT-17 采用 R-670-5 发动机。1941 年太平洋战争爆发后,美国为准备战争,开始利用民间飞行学校大量培养飞行员。陆军和海军分别以 PT-13、PT-17、PT-18、PT-27 和 N2S 等型号,大批采购"西点军校生"初级教练机。"西点军校生"初级教练机与北美公司的 AT-6"得克萨斯人"高级教练机共同构成新的飞行员训练系统。1942 年,美国根据《租借法案》向中国提供了约 150 架 PT-17 初级教练机,供已迁到印度旁遮普邦腊河机场的国民党空军航校使用。1946 年该批飞机编队飞越"驼峰航线"返回国内。国民党空军第三飞机厂于 1947 年开始在台湾的台中仿制 PT-17 教练机,称为初教 -1 型。首架于 1948 年 2 月制成。该教练机翼展 9.8 米,机身长 7.6 米,机高 2.7 米,空重 878 千克,总重 1232 千克,时速 170 千米/小时,升限 3413 米,航程 813 千米,装 1 台 162 千瓦发动机,乘员 2 人。

美国 T-38 "禽爪" 教练机

T-38，绰号"禽爪"，是美国洛克希德公司于 20 世纪 50 年代中期开始研制的超声速高级教练机。到 1972 年停产时，T-38A 共向美国空军交付了上千架，其中约有 130 架被改装成 AT-38B 教练机。至 2001 年中期，美国空军尚有 500 余架。该机在美军一直保持着良好的飞行安全纪录。2001 年 1 月，波音公司的 T-38C 航空电子改进计划启动，包括安装霍尼韦尔公司新的 GPS/INS 导航系统、大气数据计算机和雷达高度表。以色列飞机工业公司提供显示处理器

T-38 教练机

和平显，而 L-3 公司则提供多功能显示器和电子发动机显示器。另外，还包括多功能显示板和空中防撞系统。

  T-38 共有三种型别，即 T-38A、AT-38B 和 T-38C。T-38A 在结构上几乎与 F-5A 出口战术战斗机完全相同，该机是世界上第一种超声速教练机，主要用于超声速飞行技术、特技飞行动作以及编队、夜间和仪表飞行、国土领空内导航等方面的教学任务，还可用于训练试飞员和飞行工程师以及维持飞行员技能的熟练程度。AT-38B 与 T-38A 略有不同，加装了瞄准具和教练（炸）弹投弹器，美国空军教育和训练司令部用它进行战斗机基础的入门培训。T-38C 是 T-38A 与 AT-38B 改进航空电子设备后统一的飞机代号。T-38C 的设计飞行寿命 7000 小时，但到 2013 年 2 月已累计达到 15000 小时，现已达到 17500 小时。

美国 T-7A "红鹰" 教练机

T-7A，绰号"红鹰"，源于2003年美国空军的空中教育和训练司令部提出的替换诺斯罗普公司研制的T-38"禽爪"教练机的需求。T-38教练机服役于1961年，在提出替换时已经服役了超过40年。在2008年，两名使用T-38教练机的人员由于飞机疲劳失效而死亡，使得研制新的教练机正式提上日程，用以替换老化的T-38教练机机队。此外，在2021年2月，波音公司也与美国海军商讨用该公司的T-7A"红鹰"喷气式飞机替换美国海军老化的T-45"苍鹭"训练飞机。美国海军"苍鹰"飞机的平均寿命为20年，其最早的一些型号可以追溯到20世纪80年代后期。未来，T-7A"红鹰"教练机有可能成为美国空军和海军的主

T-7A 教练机

要训练飞机。

迫于 T-38 教练机已经服役了超过 50 年而愈发的不可靠，在 2015 年 3 月，美国空军终于发布了 T-7A "红鹰" 教练机前身——"T-X 计划" 要求。

2020 年 7 月，波音公司正在快速推进美国空军 T-7A 教练机项目的工程、制造和开发阶段，并已经完成了该阶段 80% 的工作量，其中两架生产型 T-7A 教练机已经完成了 200 多次飞行测试。2021 年 2 月，美国波音公司确认，其为美国空军研制的 T-7A 高级教练机已开工建造首架飞机。与此同时，波音公司也在使用其与瑞典萨博公司先期制造的两架 T-7A 原型机进行飞行试验。T-7A 的月产能将逐步提升，从 1 架增至 4～5 架。波音公司预计 T-7A 高级教练机的全球市场可达 2600 架左右。T-7A "红鹰" 教练机将在培养驾驶第五代战斗机和轰炸机作战飞机的下一代飞行员方面发挥核心作用，使他们具有前所未有的生存能力和态势感知能力。

俄罗斯 A-40 "信天翁" 反潜机

A-40 反潜机

A-40 是俄罗斯研制的世界上最大的水陆两用反潜机,绰号"信天翁"。翼展 42 米,机高 11 米,载重量 10000 千克,最大起飞重量 95000 千克。作战半径 2000 千米,可在核潜艇活动海面巡逻 6～8 小时,空中加油后可飞行 12 小时,最大平飞速度 820 千米/小时,水上滑跑距离 700～900 米。该机搜潜设备齐全,包括声呐、雷达、计算机等。反潜武器为深水炸弹、水雷、反舰导弹和反潜自导鱼雷。该机不仅搜潜、攻潜设备武器齐全,而且具有良好的飞行性能,1989 年 9 月 4 日,带 10 吨载荷飞行至 13281 米高空,创造了同级水上飞机商载高度纪录。海上航行性能好,抗浪高达 2.2 米。外形采用变化的高宽比,双"V"形船底,气动特性得到显著提高,操纵特性明显改善,同时降低了水上起落时所产生的载荷。A-40 是一种具有较强反潜能力的反潜机,是俄罗斯反潜防御系统中的重要组成部分,尤其是在反核潜艇方面具有更为重要的作用。其主要用于执行近海区域的反潜任务。

俄罗斯伊尔-38"五月"反潜机

伊尔-38是苏联伊留申实验设计局在伊尔-18支线运输机基础上研制的反潜机,绰号"五月",主要用于执行反潜任务,也可执行海上侦察、搜索与救援和反舰作战等任务。伊尔-38于1960年开始研

制，首架原型机于 1961 年 9 月 28 日首飞，首架全状态飞机于 1965 年首飞，同年 6—12 月进行了国家试验，1967 年 10 月交付了首架预生产型飞机，1969 年 1 月 17 日正式服役。2001 年，印度海军与俄罗斯国家武器出口公司签署了一份总金额 2.05 亿美元的合同，对全部 5 架飞机进行延寿和升级改进。改进后的飞机型号为伊尔 -38SD，换装了"海龙"反潜战系统。在此基础上，俄罗斯海军开始将伊尔 -38 升级为伊尔 -38N，伊尔 -38SD 即相当于该机的出口型。

伊尔 -38 反潜机在作战行动中能够更好地完成联合反潜、海上监视、搜索救援等任务。2013 年 5 月 16 日，俄罗斯 1 架伊尔 -38 反潜巡逻机飞近日本海一侧日本领空，并在隐岐群岛附近折返。为防止俄罗斯军机进入日本领空，日本航空自卫队紧急出动战机拦截应对。2019 年 5 月 27 日报道，俄军出动一架伊尔 -38 反潜机巡逻北极航道时，发现美军潜艇。潜艇也知道遭到了俄军的定位，迅速改变了航向，高速机动离开。

伊尔 -38 反潜机

俄罗斯雅克-18"麦克斯"教练机

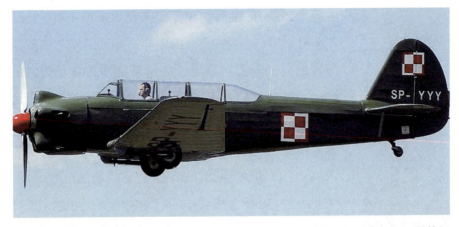

雅克-18教练机

雅克-18是由苏联雅克夫列夫设计局于1946年设计生产的双座初级教练机,绰号"麦克斯"。该机机身由合金钢管焊接成构架式机身骨架,机身前段及发动机整流罩为铝合金蒙皮,机身后半段由布质蒙皮覆盖,机翼由梯形外翼和矩形中翼组成。中翼为全金属结构,由两根大梁、8根翼肋等组成,中翼中装有两个容量75升的油箱。中翼与机身框架连接。外翼与尾翼的前缘、梁、翼肋等用铝合金制作,布质蒙皮。发动机选用工作可靠、使用方便的M-11FP型5缸气冷式活塞发动机。后三点式起落架,主轮半埋状收入中翼,尾轮固定不可收。纵列式密封座舱具有良好的视野,机上装有无线电收报机和机内通话设备。1954年7月,中国南昌飞机制造厂仿制成功首架雅克-18教练机,命名为初教-5,到1958年共生产了379架。

俄罗斯雅克-130"手套"教练机

雅克-130是雅克夫列夫设计局研制的新型高级教练机,绰号"手套"。在苏联和华沙条约军事集团解体前,苏联空军使用的是捷克斯洛伐克生产的L-29和L-39型教练机。这些教练机经济、轻便、操纵性好、可靠。随着苏联和华沙条约军事集团的解体,俄罗斯决心研制国产教练机。1991年,俄罗斯空军与防空军提出研制新型喷气式教练机的技术指标:采用两台发动机,重量5000～5500千克,推重比0.6～0.7,最大速度不小于850千米/小时,失速速度

雅克-130教练机

180~190千米/小时，允许做25°大迎角飞行，并且能够在6000米的高度飞行50分钟。根据军方的要求，米高扬设计局和雅克夫列夫设计局分别拿出了米格-AT和雅克-130方案，结果军方选中雅克-130方案。雅克夫列夫设计局从1991年开始自筹资金进行研制。1996年4月，雅克-130首飞。到2001年4月初，雅克-130共进行315次236小时的飞行，还与俄罗斯空军进行联合试飞，参加巴黎和莫斯科航展，并进行了飞行表演。

雅克-130低空最大飞行速度1060千米/小时，实用升限12500米，航程2000千米，续航时间3小时，最大起飞重量9000千克，有效载荷3000千克，最大载荷作战半径1200千米。位于诺夫哥罗德市的"猎鹰"飞机制造厂已经开始准备小批量生产。首批生产的4架飞机，前两架于2003年升空，主要用于飞行试验，后两架用于静态试验。2004年完成国家试验，2005年开始装备部队。

法国"大西洋"ANG 反潜机

"大西洋"ANG 反潜机是从早期的"大西洋"飞机改进而来的。1977 年 7 月,根据法国政府的指示开始"大西洋"ANG 反潜机的论证,以逐渐替代当时服役的"大西洋"和 P-2"海王星"反潜机,1985 年初第一架生产型交付使用。

"大西洋"ANG 反潜机飞抵战区的速度快,由巡航高度降低到巡逻高度下降快,低空巡逻时间长,机

"大西洋"反潜机

动性能好；能够携带多种武器和设备在全天候条件下发现和攻击潜艇和海上目标；可完成空中布雷、后勤支援、人员和物资的运输任务，还可以完成空中预警和空中加油任务。反潜的设备有：武器舱后面的舱内可放置78个声呐浮标，此处的上、下机身都可存放声呐浮标和识别照明弹。机头下面是前视红外传感器。武器舱前是可收放雷达。带有电码选编敌我识别询问器和译码器。机头左边和后机身底部有照相机。克鲁泽公司制造的磁异常探测器放在尾杆内，Ararl3雷达探测仪用于支援电子设备。反潜的主要武器有：非增压下机身主武器舱可装载北大西洋公约组织标准炸弹，深水炸弹，8枚寻的鱼雷或两枚空面导弹。典型装载方案为3枚鱼雷和1枚AGM-39"飞鱼"反舰导弹。4个翼下挂架可挂火箭、导弹等。总作战载荷3000千克。该机的平飞速度657千米/小时，高度7000米时巡航速度达555千米/小时，从海平面到1525米的最大巡逻速度333千米/小时，转场航程8150千米，续航时间18小时。

日本 PS-1 反潜机

PS-1 是日本新明和工业公司研制的反潜巡逻水上飞机。1966 年 1 月，日本新明和工业公司接受一项合同，为日本海上自卫队研制新型水上反潜机。PS-1 第一架原型机于 1967 年 10 月 5 日首次试飞。第二架原型机于 1968 年 6 月 14 日首次试飞。新明和公司为基本型水上飞机编号 SS-2，水陆两用型为 SS-2A，海上自卫队为其编号为 PS-1。US-1 是 PS-1 的改进型，侧重于执行搜索和救生任务。日本海上自卫队现装备 US-1 型水上搜索与求援飞机 10 架。US-1 型机于 1970 年 6 月开始设计，1975 年 3 月 6 日交付第一架飞机，1975 年 7 月交付第二架，1976 年 2 月交付第三架。

PS-1 水上反潜巡逻机空重 26300 千克，正常起飞重量 36000 千克，最大起飞重量 43000 千克，最大平飞速度（1525 米高度）547 千米/小时，巡航速度（1525 米高度）（四发）426 千米/小时，（双发）315 千米/小时，着水速度 87 千米/小时，失速速度 75 千米/小时。最大爬升率（海平面）690 米/分钟，离水滑跑距离 250 米，着水滑跑距离 180 米。PS-1 水上反潜巡逻机正常航程 2168 千米，最大转场航程 4744 千米，续航时间 15 小时。

为提高反潜能力，新明和工业公司为 PS-1 水上反潜巡逻机设计了较高的抗浪性，可在浪高 3 米、风速 25 米/秒的情况下顺利着水，把大型提吊式声呐放到 150 米深度进行搜索。PS-1 的大型提吊式声呐作

PS-1 反潜机

用半径 27.8 千米,包括主动和被动两种形式的声呐。PS-1 水上反潜巡逻机着水每次放下声呐搜索 6 分钟然后收起声呐飞到 55.6 千米远的前方再着水,连续 20 次,搜索距离达 1110 千米。这样可以迅速、准确地测出潜艇的位置,用机载武器实施攻击。